KB145318

YOCTO 프로젝트를 활용한 임베디드 리눅스 개발 3/e

YOCTO 프로젝트를 활용한 임베디드 리눅스 개발 3/e

효율적인 리눅스 기반 제품 구축

오타비우 살바도르 · 다이앤 앤골리니 지음   배창혁 옮김

에이콘

에이콘출판의 기틀을 마련하신 故 정완재 선생님 (1935-2004)

무엇보다도 이 프로젝트가 순조롭게 진행될 수 있도록 변함없이 지원해준 가족에게 감사의 마음을 전하고 싶습니다.

강력한 오픈소스 툴을 개발하는 데 시간과 노력을 투자한 Yocto 프로젝트와 오픈임베디드 커뮤니티에 깊은 감사를 표합니다. 역동적이고 서로를 지원하는 커뮤니티의 일원이 된 것을 영광으로 생각하며, 앞으로도 계속 협력해 이러한 프로젝트의 성장에 기여할 수 있기를 기대합니다. 또한 활발한 커뮤니티는 이 책의 내용을 구성하는 데 중요한 역할을 한 인사이트, 리뷰, 자료, 지침을 제공해줬습니다.

– 오타비우 살바도르와 다이앤 앤골리니

| 지은이 소개 |

오타비우 살바도르 Otavio Salvador

다양한 임베디드 리눅스 개발 경험을 가진 유명한 소프트웨어 엔지니어이자 개발자다. 시스템 부팅, 장치 드라이버, 펌웨어 등 리눅스 커널 및 임베디드 시스템과 관련된 오픈소스 프로젝트에 기여하고 있다.

임베디드 리눅스 개발 솔루션 및 서비스를 제공하는 선도적인 브라질 기술 회사인 O.S. 시스템의 최고 경영자다. 이 회사는 임베디드 리눅스 개발, 컨설팅 및 지원을 포함한 다양한 서비스를 제공한다. Yocto 프로젝트에 핵심적인 기여를 해왔다. 이 분야에 대한 전문 지식은 O.S. 시스템을 선도적인 Yocto 프로젝트 기반 솔루션 및 서비스 제공업체로 만드는 데 도움이 됐다.

다이앤 앤골리니 Daiane Angolini

임베디드 시스템 및 임베디드 리눅스 개발 전문성을 갖춘 소프트웨어 엔지니어다. 또한 Yocto 프로젝트, 오픈임베디드, 리눅스 커널 등 여러 프로젝트와 커뮤니티에 기여하며 오픈소스 소프트웨어 개발 경험을 쌓았다.

임베디드 컴퓨팅 솔루션을 통해 전 세계 커넥티드 디바이스를 위한 안전한 오픈소스 플랫폼과 모든 하드웨어 및 클라우드에 구성 가능한 클라우드 서비스를 구축한 회사인 Foundries.io의 선임 임베디드 소프트웨어 엔지니어다. Foundries.io에서 다양한 임베디드 시스템용 소프트웨어를 개발 및 개선하고, Yocto 프로젝트 도구를 사용해 ARM 및 x86 아키텍처 기반의 LmP 및 BPS를 유지 관리한다.

| 기술 감수자 소개 |

바네사 메지마 Vanessa Maegima

임베디드 시스템 분야에서 6년 이상의 경력을 가진 브라질 출신의 전자 엔지니어다. Foundries.io에서 고객 성공에 중점을 둔 임베디드 소프트웨어 엔지니어로 일하고 있다. 이전에는 NXP 반도체에서 시스템 엔지니어로 일하면서 임베디드 리눅스의 세계를 만나고 사랑에 빠졌다. 마이크로컨트롤러 유닛 소프트웨어 개발뿐만 아니라 U-Boot 및 리눅스 커널에 대한 열정을 갖고 있다.

항상 최선을 다할 수 있게 저를 격려해주는 가족, 특히 남편 구스타보(Gustavo)에게 매일의 지지와 사랑을 전합니다.

켐 라즈 Khem Raj

오랫동안 오픈소스 소프트웨어 메인테이너이자 개발자로 활동해 왔다. 기술 운영위원회에서 일하고 있으며 Yocto 프로젝트의 자문위원으로 활동하고 있다. 핵심 툴체인 레이어를 포함해 여러 Yocto 프로젝트 레이어를 유지 관리하고 있다. 컴캐스트 Comcast의 펠로우로서 현재 서비스 제공업체 업계에서 셋톱박스 및 홈 라우터의 표준 운영 플랫폼이 된 인프라 구축에 Yocto 프로젝트를 사용하는 RDK Reference Design Kit 프로젝트의 부트스트랩을 도왔다. 또한 임베디드 리눅스 콘퍼런스 및 오픈소스 서밋과 같은 행사에서 자주 연사로 활동하고 있다.

새로운 일을 할 수 있게 동기를 부여해주는 자녀 히만기(Himangi)와 비한(Vihaan) 그리고 이 모든 것을 해낼 수 있게 해준 아내 스웨타(Sweta)의 변함없는 지원 덕분입니다. 감사합니다.

카이오 페레이라 ^{Caio Pereira}

임베디드 리눅스를 처음 접한 것은 2005년에 대학에서 µClinux가 탑재된 Blackfin Digital Signal 프로세서의 데모를 통해서였다. 이를 계기로 임베디드 리눅스로 일하기로 결심했다. 2008년에 브라질의 INATEL에서 통신을 전공해 전기공학 학사 학위를 받았다. 지난 15년 동안 방송, 통신, 홈오토메이션, 스마트 시티, 국방, 리소그래피 기계 등 다양한 분야의 제품 개발 및 리눅스 커스터마이징에 참여했으며, 다양한 아키텍처의 필드 프로그래머블 게이트 어레이 및 프로세서에 대한 경험을 쌓았다. 현재 네덜란드에 거주하고 Foundries.io에서 고객 지원 엔지니어로 근무하며 전 세계 기업들이 리눅스를 기반으로 빠르고 안전한 제품을 개발할 수 있게 지원하고 있다.

사랑과 지지를 보내주고, 공부와 업무에 전념하기 위해 밤늦게까지 일하는 것을 이해해준 가족에게 감사하고 싶습니다. 또한 제가 성장하는 데 큰 힘이 돼준 지식과 경험을 공유해준 회사 동료 모두에게도 감사드립니다. 세상을 계속 돌아갈 수 있게 하는 오픈소스 프로젝트에 시간을 할애하는 모든 분께도 특별히 감사드립니다.

| 옮긴이 소개 |

배창혁(locust2001@gmail.com)

현재 독일에 있는 메르세데스-벤츠 이노베이션 랩^{MBition, Mercedes-Benz Innovation Lab}에서 수석 소프트웨어 엔지니어^{Principal Software Engineer}로 근무하면서 벤츠의 MB.OS 플랫폼과 인포테인먼트 소프트웨어를 개발하고 있다. 이전에는 LG전자 소프트웨어 플랫폼 연구소에서 webOS 플랫폼 관련 업무를 했다. 42 Wolfsburg의 자동차 소프트웨어 교육 프로그램인 SEA:ME의 follow, OpenUp에서 오픈소스 프론티어, 오픈임베디드 TSC 멤버 등 다양한 활동도 병행하고 있다. 에이콘출판사에서 출간한 『자동차 소프트웨어 아키텍처』(2023), 『Yocto 프로젝트를 활용한 임베디드 리눅스 개발 2/e』(2018), 『Embedded Linux Projects Using Yocto Project Cookbook』(2016), 『BeagleBone Black을 사용한 Yocto 프로젝트』(2015), 『Yocto 프로젝트를 활용한 임베디드 리눅스 개발』(2014)을 번역했다.

항상 저를 응원해주는 사랑하는 아내 승희와 11살 딸 소은이에게 진심으로 감사의 말을 전하고 싶습니다. 언제나 든든하게 지원해주는 가족들과 많은 관심을 가져준 회사 동료들에게도 감사의 인사를 드립니다. 마지막으로 이 책의 번역을 제안해준 에이콘출판사에 깊은 감사를 드립니다.

『Yocto 프로젝트를 활용한 임베디드 리눅스 개발 3/e』를 출간하게 돼 감회가 새롭습니다. 1판의 번역서가 출간된 이후 Yocto 프로젝트가 국내외에서 얼마나 많은 제품과 회사에 도입될지에 대해 많은 궁금증이 있었습니다. 그러나 이제는 Yocto 프로젝트의 확고한 입지를 직접 확인할 수 있게 됐습니다.

저는 다양한 오픈소스 프로젝트의 컨트리뷰터로 활동하고 국내외 콘퍼런스에 참석하며 Yocto 프로젝트를 활용하는 많은 개발자와 프로젝트를 접했습니다. 이 과정을 통해 Yocto 프로젝트의 사용이 점차 확대되고 있음을 실감했고, 이는 Yocto 프로젝트의 장점과 필요성을 명확히 설명해줬습니다.

Yocto 프로젝트의 큰 장점 중 하나는 거의 모든 SoC^{System on Chip} (Intel, Qualcomm, Samsung, Renesas, NVIDIA 등) 업체가 BSP를 Yocto 프로젝트 기반으로 릴리스하고 있다는 점입니다. 이로 인해 Yocto 프로젝트는 유연성과 확장성을 제공하며, 다양한 오픈소스 프로젝트와 상용 제품에서의 채택으로 이어지고 있습니다. 대표적인 오픈소스 프로젝트로는 webOS OSE^{Open Source Edition}, AGL^{Automotive Grade Linux}, RDK 등이 있으며, 상용 제품으로는 LG의 webOS TV, BMW, 벤츠, 현대자동차의 IVI 및 Telematics 시스템 등이 있습니다.

그럼에도 여전히 많은 개발자가 Yocto 프로젝트 사용에 어려움을 겪고 있습니다. 이는 임베디드 OS 개발에 대한 깊은 지식과 함께 Yocto 프로젝트에서 사용하는 문법을 익혀야 한다는 복잡한 조건 때문입니다. 이러한 난관을 해결하기 위해 Yocto 프로젝트 커뮤니티는 문서화와 개발 도구의 개선을 통해 개발자들의 진입 장벽을 낮추고자 노력하고 있습니다. 저 역시 10년 이상 이 분야에 몸담고 있지만 여전히 배워야 할 것이 많다고 느낍니다.

Yocto 프로젝트를 시작하는 가장 좋은 방법은 이 책과 같은 기본서를 통해 기초를 다지고 실제 제품에 적용하면서 필요한 지식을 습득하는 것입니다. 어려움이 있을 경우 저에게 문의하거나 Yocto 프로젝트 메일링 리스트, IRC 등을 활용해 도움을 받을 수 있습니다.

3판을 준비하면서 Yocto 프로젝트의 중요성이 더욱 커지고 있음을 느꼈습니다. 이 책이 Yocto 프로젝트를 시작하는 개발자에게 유용한 길잡이가 되기를 바라며, 독자 여러분의 성공적인 프로젝트에 조금이나마 기여할 수 있기를 희망합니다.

| 차례 |

| 들어가며 |

리눅스는 최첨단 제품에 꾸준히 사용돼 왔으며, 임베디드 시스템은 인류의 기술 포트폴리오에서 중요한 역할을 해왔다.

Yocto 프로젝트는 여러분의 프로젝트를 위한 최적의 선택이 될 수 있다. 이 프로젝트는 반복적인 작업 대신 제품 개발에 대부분의 에너지와 리소스를 사용할 수 있도록 풍부한 도구 세트를 제공한다.

임베디드 리눅스 기반 제품 및 개발 팀의 일반적인 작업과 요구 사항이 이 책을 구상하는 데 지침이 됐다. 그러나 실용적이고 직관적인 접근 방식으로 활발한 커뮤니티 회원들이 집필한 이 책은 학습 과정과 제품 프로젝트 모두에 디딤돌이 될 것이다.

3판은 독자들이 보내준 피드백을 반영해 완전히 재작성했으며, Yocto 프로젝트와 관련된 복잡한 개념을 쉽게 이해할 수 있도록 내용을 확장하고 Yocto 프로젝트 LTS 버전 4.0(코드명: kirkstone)까지의 변경 사항을 반영해 철저하게 업데이트했다.

또한 에뮬레이션을 통해 제품 개발 속도를 높이고자 QEMU를 사용하는 방법과 Yocto 프로젝트 및 일반 프로젝트 지침에 관한 2개의 새로운 장을 추가했다.

:: 이 책의 대상 독자

임베디드 리눅스 경험이 있는 엔지니어와 애호가를 대상으로 하며, 프로젝트에서 평가, 비교 또는 사용하기 위해 Yocto 프로젝트의 도구에 대해 배우고자 하는 사람을 위한 책이다. 일반적인 학습 곡선의 함정에 빠지지 않고 빠르게 속도를 낼 수 있게 도와주는 것이 이 책의 목적이다.

⁝⁝ 이 책의 구성

1장, Yocto 프로젝트 소개에서는 Yocto 프로젝트의 일부와 주요 도구를 소개하기 위해 첫 번째 개념과 전제를 제시한다.

2장, 포키 시스템에서는 첫 번째 빌드에 필요한 환경을 소개한다.

3장, Toaster를 사용한 이미지 생성에서는 설정 래퍼 및 빌드 도구로 사용할 수 있는 사용자 친화적인 웹 인터페이스를 보여준다.

4장, 비트베이크 기초에서는 비트베이크 메타데이터 개념을 소개한다.

5장, 비트베이크 상세 소개에서는 비트베이크 도구가 태스크와 의존성을 관리하는 방법을 보여준다.

6장, 임시 빌드 디렉터리에서는 빌드의 임시 작업 디렉터리를 자세히 설명한다.

7장, 패키지 지원 고찰에서는 모든 바이너리 패키지를 만들고 관리하는 데 기본으로 사용되는 패키징 메커니즘을 소개한다.

8장, 비트베이크 메타데이터에서는 다른 모든 장에서 사용될 비트베이크 메타데이터 언어를 자세히 살펴본다.

9장, Yocto 프로젝트를 이용한 개발에서는 개발 환경을 확보하는 데 필요한 워크플로를 설명한다.

10장, Yocto 프로젝트를 이용한 디버깅에서는 포키를 사용해 디버그 환경을 생성하는 방법과 이를 사용하는 방법을 소개한다.

11장, 외부 레이어에서는 Yocto 프로젝트의 중요한 개념 중 하나인 외부 레이어 사용의 유연성을 살펴본다.

12장, 사용자 레이어 생성에서는 레이어를 만들어보는 실습을 한다.

13장, 레시피 커스터마이즈에서는 기존 레시피를 커스터마이즈하는 방법을 소개한다.

14장, GPL 규정 준수에서는 카피레프트^{copyleft} 준수 제품에 관련된 태스크와 개념을 살펴본다.

15장, 커스텀 임베디드 리눅스 부팅에서는 실제 하드웨어 머신과 Yocto 프로젝트의 도구를 사용한다.

16장, 에뮬레이션을 통한 제품 개발 속도 향상: QEMU에서는 QEMU로 제품 개발을 가속화하는 방법을 알아본다.

17장, 모범 사례에서는 저자의 경험을 바탕으로 Yocto 프로젝트 및 일반적인 프로젝트 관련 가이드라인을 설명한다.

⋙ 이 책의 활용 방안

이 책을 더 잘 이해하려면 깃^{Git}, 리눅스 커널 및 기본 컴파일 프로세스에 대한 일반적인 지식처럼 본문에서 다루지 않거나 간략하게 언급된 일부 주제에 대한 사전 지식이 있어야 한다.

이 책에서 기술적인 개념을 자세히 설명하기 전에 Yocto 프로젝트의 큰 그림을 이해하려면 깃 저장소(https://git.io/vFUiI)에 있는 오픈소스 문서 「Heading for the Yocto Project」를 추천한다. 이 문서의 내용은 Yocto 프로젝트의 목표와 잠재적인 용도에 대한 이해를 돕기 위한 것이다. 프로젝트에 대한 개요를 제공한 후 태스크 수행 방법에 대한 기술적 세부 사항을 설명한다.

컴파일, 디버깅, 배포, 설치 등 개발에 사용되는 일반적인 개념뿐만 아니라 GNU/리눅스 환경과 임베디드 리눅스의 사용에 대한 기본적인 이해가 필요하다. 또한 셸 스크립트와 파이썬에 대한 경험이 있으면 도움이 된다. 이러한 프로그래밍 언어는 Yocto 프로젝트의 도구에서 광범위하게 사용되는 핵심 기술이기 때문이다.

그러나 이러한 주제에 대해 더 자세히 배우고 싶을 경우 크리스 시먼즈^{Chris Simmonds}가 쓴 『임베디드 리눅스 프로그래밍 완전정복 3/e』(에이콘, 2023)을 추천한다.

앞에서 열거한 개념 중 누락된 개념이 있더라도 두려워하지 말고 이 책을 통해 학습하는 동시에 그 활용법을 연습해 보는 것을 추천한다.

이 책의 컬러 이미지 다운로드

이 책에 사용된 그림과 다이어그램의 컬러 이미지가 포함된 PDF 파일도 제공한다. 다음 링크(https://packt.link/lbpMD)와 에이콘출판사 도서정보 페이지(http://www.acornpub.co.kr/book/embedded-linux-yocto3)에서 다운로드할 수 있다.

이 책의 편집 규약

이 책에서는 다음과 같은 편집 규약을 사용한다.

텍스트 안의 코드: 텍스트 안에 코드가 포함된 유형으로, 데이터베이스 테이블 이름, 사용자 입력의 코드 단어 등이 이에 포함된다. 예를 들어 다음과 같다.

"8번 줄, BBFILE_COLLECTIONS에서는 비트베이크에 yocto라는 새 메타데이터 컬렉션을 생성하도록 지시한다. 그런 다음 9번 줄인 BBFILE_PATTERN_yocto에서는 yocto 컬렉션에 속하는 메타데이터를 식별하기 위해 LAYERDIR로 시작하는 모든 경로를 일치시키는 규칙을 정의한다."

커맨드라인의 입력이나 출력은 다음과 같이 표시한다.

```
$ sudo dnf install gawk make wget tar bzip2 gzip python3 unzipperl patch diffutils
diffstat git cpp gcc gcc-c++ glibc-develtexinfo chrpath ccache perl-Data-Dumper
perl-Text-ParseWordsperl-Thread-Queue perl-bignum socat python3-pexpect
findutilswhich file cpio python python3-pip xz python3-GitPythonpython3-jinja2
SDL-devel xterm rpcgen mesa-libGL-devel perl-FindBin perl-File-Compare
perl-File-Copy perl-locale zstd lz4
```

고딕체: 새로운 용어나 중요한 단어 또는 메뉴나 대화상자와 같이 화면에서 볼 수 있는 단어는 고딕체로 표시한다. 예를 들면 다음과 같다.

"그런 다음 이미지 레시피 탭을 클릭해 구축할 이미지를 선택한다."

NOTE

경고나 중요한 노트는 이와 같이 나타낸다.

TIP

팁과 요령은 이와 같이 나타낸다.

⠿ 문의

독자의 의견은 언제나 환영이다.

일반적인 의견: 이 책의 제목을 메일 제목에 넣어 customercare@packtpub.com으로 이메일을 보내면 된다. 한국어판에 관한 질문은 이 책의 옮긴이나 에이콘출판사 편집 팀(editor@acornpub.co.kr)으로 문의해 주길 바란다.

오탈자: 정확한 내용을 전달하고자 모든 노력을 기울였지만 실수가 있을 수 있다. 책에서 발견한 오류를 알려 준다면 감사하겠다. 다음 링크(http://www.packtpub.com/support/errata)에서 이 책을 선택한 후 Errata Submission Form 링크를 클릭하고 자세한 내용을 입력해 주길 바란다. 한국어판의 정오표는 에이콘출판사 도서정보 페이지(http://www.acornpub.co.kr/book/embedded-linux-yocto3)에서 확인할 수 있다.

저작권 침해: 인터넷에서 어떤 형태로든 팩트 책의 불법 복제본을 발견한다면 주소나 웹 사이트 이름을 알려주면 감사하겠다. 불법 복제본의 링크를 copyright@packtpub.com으로 보내주길 바란다.

01

Yocto 프로젝트 소개

1장에서는 Yocto 프로젝트를 소개한다. 여기에서 설명하는 프로젝트의 주요 개념은 이 책을 읽는 동안 지속적으로 사용될 것이다. Yocto 프로젝트, 오픈임베디드 OpenEmbedded, 포키Poky, 비트베이크BitBake, 메타데이터metadata 및 버전 관리 체계의 역사를 간략하게 알아본다. 자, 이제 시작해보자.

⫸ Yocto 프로젝트의 의미

리눅스 재단 워킹그룹에서는 Yocto 프로젝트를 다음과 같이 정의했다.

> Yocto 프로젝트는 개발자가 제품의 하드웨어 아키텍처에 관계없이 임베디드 제품용으로 설계된 맞춤형 리눅스 기반 시스템을 만들 수 있도록 지원하는 오픈소스 협업 프로젝트이다. Yocto 프로젝트는 전 세계의 임베디드 디바이스 개발자가 이러한 맞춤형 리눅스 이미지를 만드는 데 사용되는 공유 기술, 소프트웨어 스택, 환경설정, 모범 사례를 통해 협업할 수 있는 유연한 도구 집합과 개발 환경을 제공한다.
>
> 전 세계 수천 명의 개발자는 Yocto 프로젝트가 시스템 및 애플리케이션 개발, 아카이브

및 관리 이점, 속도, 설치 공간 및 메모리 활용을 위한 맞춤형 리눅스 개발에 모두 이점을 제공한다는 사실을 알고 있다. 이 프로젝트는 임베디드 소프트웨어 스택을 제공하는 데 있어 표준이다. 유지 관리 및 확장이 가능한 소프트웨어 스택과 여러 하드웨어 플랫폼에 대한 맞춤형 소프트웨어 및 여러 빌드와 함께할 수 있도록 제공한다.

- Yocto 프로젝트 개요 및 개념 매뉴얼

Yocto 프로젝트는 템플릿, 도구, 방법을 제공하는 오픈소스 협업 프로젝트이며 하드웨어 아키텍처와 상관없이 사용자 맞춤 리눅스 기반 임베디드 제품을 만드는 데 도움을 준다. 제퍼^{Zephyr} 프로젝트에서 수행한 것처럼 베어메탈$^{bare-metal}$ 개발을 위한 glibc 및 musl C 표준 라이브러리와 실시간 운영체제$^{RTOS, Real-Time Operating System}$ 툴체인^{toolchain}을 기반으로 맞춤형 리눅스 배포판을 만들 수 있다.

리눅스 재단 회원이 관리하는 이 프로젝트는 다양한 방식으로 참여하고 프로젝트에 리소스를 공급하는 회원 조직으로부터 독립적으로 유지된다.

이 프로젝트는 중복된 작업을 줄이고 신규 혹은 숙련된 사용자에게 적합한 리소스와 정보를 제공하고자 많은 하드웨어 제조사, 오픈소스 운영체제, 판매업체, 가전회사가 협력해 2010년 설립됐다. 이러한 리소스 중에는 오픈임베디드 프로젝트에서 제공하는 핵심 시스템 구성 요소인 오픈임베디드 코어$^{OpenEmbedded Core}$가 있다.

Yocto 프로젝트는 리눅스 기반의 임베디드 제품을 만들려는 공통의 목적을 지닌 여러 회사, 커뮤니티, 프로젝트, 도구를 통합한다. 이러한 이해관계자들은 커뮤니티가 함께 협력해야 한다는 필요성에 따라 모두 한 배를 타고 있다.

⁞⁞ Yocto 프로젝트 상세 소개

Yocto 프로젝트의 하는 일과 결과물에 대한 이해를 돕고자 컴퓨팅 장비와 비유할 수 있다. 입력은 우리가 원하는 것, 즉 사양을 설명하는 데이터 집합이다. 출력은 원하는 리눅스 기반 임베디드 제품이다.

출력은 운영체제의 각 부분으로 구성된다. 여기에는 리눅스 커널, 부트로더^{bootloader},
루트 파일 시스템(rootfs)이 함께 작동하도록 번들로 구성돼 있다.

Yocto 프로젝트의 도구는 결과물인 루트 파일 시스템 번들 및 기타 결과물을 생성
하기 위한 모든 중간 단계에 존재한다. 이전에 빌드한 소프트웨어 컴포넌트는 애
플리케이션, 라이브러리 또는 모든 소프트웨어 컴포넌트 등 빌드 전반에 걸쳐 재사
용된다.

재사용이 불가능한 경우 소프트웨어 컴포넌트는 올바른 순서와 원하는 설정으로
빌드되며, 여기에는 리눅스 커널 아카이브(www.kernel.org), 깃허브^{GitHub}, BitBucket, 깃
랩^{GitLab} 등의 각 저장소에서 필요한 소스코드를 가져오는 것을 포함한다.

Yocto 프로젝트의 도구는 빌드 환경, 유틸리티 및 툴체인을 준비해 호스트 소프트
웨어 의존성을 줄인다. 유틸리티, 버전 및 설정 옵션은 호스트 리눅스 배포판과
독립적이므로 동일한 결과를 생성하면서 의존해야 하는 호스트 유틸리티의 수를
최소화할 수 있다. 미묘하지만 본질적인 의미의 이점은 결정론이 상당히 증가하고
빌드 호스트 의존성이 감소하는 대신 최초 빌드가 증가한다는 데에 있다.

비트베이크와 오픈임베디드 코어는 오픈임베디드 프로젝트 산하에 있으며, 포키
와 같은 일부 프로젝트는 Yocto 프로젝트 산하에 있다. 이들은 모두 상호 보완적이
며 시스템에서 특정 역할을 담당한다. 1장과 이 책 전반에 걸쳐 이 프로젝트들이
어떻게 함께 작동하는지 정확히 이해하게 될 것이다.

오픈임베디드 프로젝트와 Yocto 프로젝트의 연합

오픈임베디드 프로젝트는 2003년 1월, OpenZaurus 프로젝트의 일부 핵심 개발자가
새로운 빌드 시스템으로 작업을 시작하며 만들어졌다. 그 후 오픈임베디드 빌드
시스템은 비트베이크라는 Gentoo Portage 패키지 시스템에서 영감을 갖고 만들어
진 작업 스케줄러가 됐다. 그 결과 이 프로젝트는 소프트웨어 컬렉션과 지원되는

머신 목록을 빠르게 늘릴 수 있었다.

혼란스럽고 조율되지 않은 개발로 인해 좀 더 안정적이고 세련된 코드 기반이 필요한 제품에서는 오픈임베디드를 사용하기가 어려웠다. 이것이 바로 포키 배포판이 탄생하게 된 배경이다. 포키는 오픈임베디드 빌드 시스템의 하위 집합으로 시작해 제한된 아키텍처 집합에서 좀 더 세련되고 안정적인 코드 기반을 갖췄다. 또한 크기가 작아졌기 때문에 IDE 플러그인 및 QEMU^{Quick EMUlator} 통합과 같은 하이라이트 기술을 개발할 수 있었으며, 이러한 기술은 여전히 사용되고 있다.

Yocto 프로젝트와 오픈임베디드 프로젝트는 오픈임베디드 코어라는 핵심 빌드 시스템에 대한 노력을 통합했다. 이 시스템은 포키와 오픈임베디드의 장점을 모두 사용하며, 추가 컴포넌트, 메타데이터 및 하위 집합의 사용 증가를 강조한다. 2010년 11월경, 리눅스 재단은 Yocto 프로젝트가 리눅스 재단이 후원하는 프로젝트로서 이 작업을 계속할 것이라고 발표했다.

⁑ 포키의 의미

포키는 오픈임베디드 빌드 시스템 기술을 사용하는 기본 Yocto 프로젝트 레퍼런스 배포판이다. 도구 모음, 설정 파일, 레시피 데이터(메타데이터라고 함)로 구성돼 있다. 포키는 플랫폼에 독립적이고 비트베이크, 오픈임베디드 코어와 메타데이터를 사용해 그림 1.1처럼 크로스컴파일을 수행한다. 포키는 완전히 사용자화되고, 완벽하고 일관성 있는 리눅스 소프트웨어를 만들고자 수천 개의 오픈소스 프로젝트를 빌드하고 조합하기 위한 메커니즘을 제공한다.

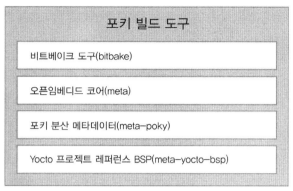

그림 1.1 포키 주요 구성 요소

비트베이크

비트베이크는 파이썬^{Python} 및 셸 스크립트 코드로 작성된 구문을 분석(파싱)하는 작업 스케줄러 및 실행 시스템이다. 파싱된 코드는 코드의 의존성에 따라 정렬된 일련의 단계인 태스크^{task}를 생성하고 실행한다.

비트베이크는 사용 가능한 모든 메타데이터를 평가해 동적 변수 확장, 의존성 및 코드 생성을 관리한다. 또한 모든 작업을 추적해 완료 여부를 확인하고 처리 리소스 사용을 극대화해 빌드 시간을 단축하고 예측 가능성을 높인다. 비트베이크 개발은 https://lists.openembedded.org/g/bitbake-devel 메일링 리스트에서 이뤄지며, 소스코드는 포키의 bitbake 하위 디렉터리에 있다.

오픈임베디드 코어

오픈임베디드 코어 메타데이터 모음은 포키 빌드 시스템의 엔진을 지원한다. 이 엔진은 핵심 기능을 제공하며 가능한 한 일반적이고 간결한 것을 목표로 한다. 7가지 프로세서 아키텍처(ARM, ARM64, x86, x86-64, PowerPC, PowerPC 64, MIPS, MIPS64, RISC-V32, RISC-V 64)를 지원하며, QEMU로 에뮬레이트된 플랫폼만 지원한다.

개발은 https://lists.openembedded.org/g/openembedded-core(mailto:openembedded-core@

메일링 리스트에 중앙 집중화돼 있으며 포키의 meta 하위 디렉터리에 메타데이터가 있다.

메타데이터

메타데이터에는 레시피와 설정 파일이 포함돼 있다. 메타데이터는 파이썬과 셸 스크립트 텍스트 파일로 구성돼 매우 유연한 도구를 제공한다. 포키는 이를 사용해 오픈임베디드 코어를 확장하고 다음과 같이 다른 메타데이터 하위 집합인 2개의 다른 레이어를 포함한다.

- **meta-poky:** 이 레이어는 기본 및 지원되는 배포 정책, 시각적 브랜딩, 메타데이터 추적 정보(유지 관리자, 업스트림 상태 등)를 제공한다. 이는 배포 빌더가 사용자 지정 배포를 사용할 수 있는 엄선된 템플릿 역할을 한다.
- **meta-yocto-bsp:** Yocto 프로젝트 개발 및 **품질 보증**QA, Quality Assurance 프로세스를 위한 레퍼런스 하드웨어로 사용되는 **보드 지원 패키지**BSP, Board Support Package를 제공한다.

9장에서는 메타데이터를 더 자세하게 파헤치고 나만의 레시피를 만들 때 참고할 만한 것을 제공한다.

⠿ Yocto 프로젝트 릴리스

Yocto 프로젝트는 6개월마다 4월과 10월에 릴리스가 있다. 이 릴리스 주기는 지속적인 개발 흐름을 보장하는 동시에 테스트를 강화하고 안정성에 집중할 수 있는 시점을 제공한다. 릴리스가 준비되면 **안정**Stable 또는 **장기 지원**LTS, Long-Term Support 릴리스가 이뤄진다.

지원 기간은 안정 릴리스와 LTS 릴리스 간에 크게 다르다. 안정 릴리스에 대한 지원은 7개월 동안 제공되며, 모든 안정 릴리스에 대해 1개월의 중복 지원이 제공된다. LTS 릴리스의 최소 지원 기간은 2년[1]이며, 선택적으로 연장할 수 있다. 공식 지원 기간이 종료되면 커뮤니티 지원으로 전환되고 최종적으로 EOL^{End Of Life}에 도달한다.

공식 릴리스 지원 기간이 종료되면 커뮤니티 멤버가 커뮤니티 유지 관리자가 되는 경우 해당 릴리스는 커뮤니티 지원 릴리스가 될 수 있다. 마지막으로 2개월까지 소스코드에 변경 사항이 없거나 커뮤니티 관리자가 더 이상 활동하지 않는 경우 릴리스는 EOL로 전환된다.

다음 다이어그램은 두 릴리스 주기를 보여준다.

그림 1.2 안정 또는 LTS 릴리스 주기

표 1.1은 Yocto 프로젝트 버전, 코드명, 릴리스 날짜 및 현재 지원 수준을 제공하며, 다음과 같이 확인할 수 있다. 업데이트된 표는 링크(https://wiki.yoctoproject.org/wiki/Releases)에서 확인할 수 있다.

표 1.1 Yocto 프로젝트 버전 목록

코드명	버전	릴리스 날짜	지원 수준
Styhead	5.1	2024년 10월	개발 중
Scarthgap	5.0	2024년 4월	LTS(2028년 4월까지 지원)
Nanbield	4.3	2023년 11월	EOL
Mickledore	4.2	2023년 5월	EOL
Langdale	4.1	2022년 10월	EOL

(이어짐)

---

1. 2023년 7월부터 LTS 최소 지원 기간이 2년에서 4년으로 늘어났다. − 옮긴이

코드명	버전	릴리스 날짜	지원 수준
Kirkstone	4.0	2022년 5월	LTS(2026년 4월까지 지원)
Honister	3.4	2021년 10월	EOL
Hardknott	3.3	2021년 4월	EOL
Gatesgarth	3.2	2020년 10월	EOL
Dunfell	3.1	2020년 4월	EOL - LTS(2024년 4월까지 지원)
Zeus	3.0	2019년 10월	EOL
Warrior	2.7	2019년 4월	EOL
Thud	2.6	2018년 11월	EOL
Sumo	2.5	2018년 4월	EOL
Rocko	2.4	2017년 10월	EOL
Pryo	2.3	2017년 5월	EOL
Morty	2.2	2016년 11월	EOL
Krogoth	2.1	2016년 4월	EOL
Jethro	2.0	2015년 11월	EOL
Fido	1.8	2015년 4월	EOL
Dizzy	1.7	2014년 10월	EOL
Daisy	1.6	2014년 4월	EOL
Dora	1.5	2013년 10월	EOL
Dylan	1.4	2013년 4월	EOL
Danny	1.3	2012년 10월	EOL
Denzil	1.2	2012년 4월	EOL
Edison	1.1	2011년 10월	EOL
Bernard	1.0	2011년 4월	EOL
Laverne	0.9	2010년 10월	EOL

⁝⁝ 정리

1장에서는 오픈임베디드 프로젝트가 Yocto 프로젝트와 어떻게 관련돼 있는지, 포키를 구성하는 구성 요소는 무엇인지, 프로젝트가 어떻게 시작됐는지에 대한 개요를 제공했다. 2장에서는 포키 빌드 환경을 다운로드, 설정, 준비하는 단계와 첫 번째 이미지를 빌드하고 QEMU에서 실행하는 방법을 포함한 포키 작업 흐름을 소개한다.

02

포키 시스템

이제 실제로 시스템을 살펴보자. 2장에서는 포키 작업 흐름과 관련된 기본 개념을 알아본다. 포키 빌드 환경을 다운로드하고 설정해 무언가를 만들어볼 것이다. 여기서 다루는 단계들은 테스팅과 개발에 일반적으로 사용된다. 이를 통해 포키를 사용해보고 그 기능들을 경험해볼 수 있다.

⫶ 빌드 호스트 시스템 준비

2장에서는 윈도우 및 리눅스 배포 호스트 시스템을 준비하는 방법을 설명한다. 윈도우도 설명하지만 여기서는 리눅스 배포 호스트 시스템을 사용하는 데 중점을 둔다.

TIP

> 맥OS를 호스트 시스템으로 사용할 수 있다. 이 경우에는 도커(Docker)를 활용하는 CROPS(CROss PlatformS) 프레임워크를 사용해야 맥OS를 포함한 외부 운영체제를 사용할 수 있다. 자세한 내용은 Yocto 프로젝트 개발 작업 매뉴얼의 'Setting Up to Use CROss PlatformS(CROPS)' 절(https://docs.

yoctoproject.org/4.0.4/dev-manual/start.html#setting-up)에 있다.

다음으로 빌드 호스트 시스템 준비를 시작하는 데 필요한 정보를 제공한다.

리눅스용 윈도우 서브시스템(WSLv2) 사용

윈도우 사용자라면 윈도우에서 리눅스 배포판을 설정할 수 있다. WSLv2는 윈도우 10 이상에서 18917보다 큰 버전의 빌드에서만 사용할 수 있다. WSLv2를 사용하면 Yocto 프로젝트를 사용해 개발할 수 있다. 리눅스 배포판은 마이크로소프트 스토어에서 설치할 수 있다.

Yocto 프로젝트 개발 작업 매뉴얼(https://docs.yoctoproject.org/4.0.4/dev-manual/index.html)에서 'Setting Up to Use Windows Subsystem For Linux' 절(https://docs.yoctoproject.org/4.0.4/dev-manual/ start.html#setting-up-to-use-windows-subsystem-for-linux-wslv2)을 참고하길 바란다.

WSLv2를 설정하고 나면 네이티브 리눅스 머신에서 실행하는 것처럼 다음 절을 따라 할 수 있다.

리눅스 기반 시스템 준비

호스트 시스템을 설정하는 데 필요한 프로세스는 사용하는 리눅스 배포판에 따라 다르다. 포키를 지원하는 리눅스 배포판이 있다. 임베디드 리눅스 개발이 처음이라고 가정한다. 이 경우 호스트 시스템 지원과 관련된 문제를 디버깅하는 데 시간을 낭비하지 않으려면 지원되는 리눅스 배포판 중 하나를 사용하는 것이 좋다.

다음 배포판 중 하나의 현재 릴리스 버전을 사용 중이라면 컴퓨터에서 Yocto 프로젝트를 사용하는 데 문제가 없을 것이다.

- 우분투Ubuntu
- 페도라Fedora

- 센트OS^{CentOS}
- 알마리눅스^{AlmaLinux}
- 데비안^{Debian}
- 오픈수세 립^{OpenSUSE Leap}

사용 중인 버전이 지원되는지 확인하려면 온라인 공식 문서에 있는 'Required Packages for the Build Host' 절(https://docs.yoctoproject.org/4.0.4/ref-manual/system-requirements.html#required-packages-for-the-build-host)에서 확인하는 것이 좋다.

신호하는 배포판이 앞의 목록에 없더라도 해당 배포판에서 포키를 사용할 수 없다는 의미는 아니다. 호스트 개발 시스템은 깃, tar, 파이썬 및 GCC에 대한 특정 버전을 충족해야 한다. 사용 중인 리눅스 배포판은 이러한 기본 도구의 호환 가능한 버전을 제공해야 한다. 그러나 호스트 개발 시스템이 이러한 요구 사항을 모두 충족하지 못할 수도 있다. 이 경우 필요한 깃, tar, 파이썬 및 GCC 버전에 자세히 설명된 대로 이러한 도구가 포함된 빌드 도구인 타르볼^{tarball}을 설치해 문제를 해결할 수 있다(https://docs.yoctoproject.org/4.0.4/ref-manual/system-requirements.html#required-git-tar-python-and-gcc-versions).

호스트 시스템에 몇 가지 패키지를 필수로 설치해야 한다. 이 책에서는 선호하는 배포판인 데비안과 페도라에 대한 지침을 제공하며, 그 내용을 살펴볼 것이다. 지원되는 다른 배포판에 대한 패키지는 Yocto 프로젝트 레퍼런스 매뉴얼(https://docs.yoctoproject.org/4.0.4/ref-manual/system-requirements.html#required-packages-for-the-build-host)에 있다.

데비안 기반 배포판

헤드리스^{headless} 호스트 시스템에 필요한 패키지를 설치하려면 다음 명령을 실행한다.

```
$ sudo apt install gawk wget git diffstat unzip texinfo gcc build-essential chrpath
socat cpio python3 python3-pip python3-pexpect xz-utils debianutils iputils-ping
```

```
python3-git python3-jinja2 libegl1-mesa libsdl1.2-dev pylint3 xterm python3-
subunit mesa-common-dev zstd liblz4-tool
```

페도라

헤드리스 호스트 시스템에 필요한 패키지를 설치하려면 다음 명령을 실행한다.

```
$ sudo dnf install gawk make wget tar bzip2 gzip python3 unzip perl patch diffutils
diffstat git cpp gcc gcc-c++ glibc-devel texinfo chrpath ccache perl-Data-Dumper
perl-Text-ParseWords perl-Thread-Queue perl-bignum socat python3-pexpect findutils
which file cpio python python3-pip xz python3-GitPython python3-jinja2 SDL-devel
xterm rpcgen mesa-libGL-devel perl-FindBin perl-File-Compare perl-File-Copy perl-
locale zstd lz4
```

⫸ 포키 소스코드 다운로드

개발 호스트 시스템에 필요한 패키지를 설치한 후 다음 명령을 사용해 깃을 사용해
포키 소스코드의 현재 LTS 버전(작성 시점 기준)을 다운로드할 수 있다.

```
$ git clone https://git.yoctoproject.org/poky -b kirkstone
```

TIP

> 깃에 대해서는 링크(https://git-scm.com)에서 배울 수 있다.

다운로드 프로세스가 완료되면 포키 디렉터리에 다음과 같은 내용이 있다.

```
$ ls -l
total 84
drwxrwxr-x  6 user user  4096 set  7 12:16 bitbake
drwxrwxr-x  4 user user  4096 set  7 12:16 contrib
drwxrwxr-x 19 user user  4096 set  7 12:16 documentation
-rw-rw-r--  1 user user   834 set  7 12:16 LICENSE
-rw-rw-r--  1 user user 15394 set  7 12:16 LICENSE.GPL-2.0-only
-rw-rw-r--  1 user user  1286 set  7 12:16 LICENSE.MIT
-rw-rw-r--  1 user user  2202 set  7 12:16 MAINTAINERS.md
-rw-rw-r--  1 user user  1222 set  7 12:16 Makefile
-rw-rw-r--  1 user user   244 set  7 12:16 MEMORIAM
drwxrwxr-x 20 user user  4096 set  7 12:16 meta
drwxrwxr-x  5 user user  4096 set  7 12:16 meta-poky
drwxrwxr-x  9 user user  4096 set  7 12:16 meta-selftest
drwxrwxr-x  8 user user  4096 set  7 12:16 meta-skeleton
drwxrwxr-x  8 user user  4096 set  7 12:16 meta-yocto-bsp
-rwxrwxr-x  1 user user  1297 set  7 12:16 oe-init-build-env
lrwxrwxrwx  1 user user    33 set  7 12:16 README.hardware.md -> meta-yocto-bsp/README.hardware.md
lrwxrwxrwx  1 user user    14 set  7 12:16 README.md -> README.poky.md
-rw-rw-r--  1 user user   791 set  7 12:16 README.OE-Core.md
lrwxrwxrwx  1 user user    24 set  7 12:16 README.poky.md -> meta-poky/README.poky.md
-rw-rw-r--  1 user user   529 set  7 12:16 README.qemu.md
drwxrwxr-x 10 user user  4096 set  7 12:16 scripts
```

그림 2.1 다운로드 후 포키 디렉터리 내용

NOTE

이번 장과 이후 장들에서 소개하는 예제와 코드는 Yocto 프로젝트 4.0 릴리스(코드명: kirkstone)를 사용한다.

⸬ 빌드 환경 준비

포키 디렉터리에는 빌드 환경을 설정하는 oe-init-build-env라는 스크립트가 있다. 하지만 먼저 다음과 같이 스크립트를 source(실행되지 않은)로 실행해야 한다.

```
$ source oe-init-build-env [build-directory]
```

여기서 [build-directory]는 환경이 구성된 디렉터리 이름에 대한 선택적 매개변수다. 비어 있으면 기본값은 build다. [build-directory] 매개변수는 빌드를 수행하는 위치다.

oe-init-build-env build 결과에는 파일 위치, 일부 프로젝트 URL 및 사용 가능한 이미지와 같은 몇 가지 일반적인 대상과 같은 몇 가지 중요한 내용이 표시된다.

그림 2.2는 출력 예시를 보여준다.

```
$ source oe-init-build-env build
You had no conf/local.conf file. This configuration file has therefore been
created for you from /home/user/yocto/poky/meta-poky/conf/local.conf.sample
You may wish to edit it to, for example, select a different MACHINE (target
hardware). See conf/local.conf for more information as common configuration
options are commented.

You had no conf/bblayers.conf file. This configuration file has therefore been
created for you from /home/user/yocto/poky/meta-poky/conf/bblayers.conf.sample
To add additional metadata layers into your configuration please add entries
to conf/bblayers.conf.

The Yocto Project has extensive documentation about OE including a reference
manual which can be found at:
    https://docs.yoctoproject.org

For more information about OpenEmbedded see the website:
    https://www.openembedded.org/


### Shell environment set up for builds. ###

You can now run 'bitbake <target>'

Common targets are:
    core-image-minimal
    core-image-full-cmdline
    core-image-sato
    core-image-weston
    meta-toolchain
    meta-ide-support

You can also run generated qemu images with a command like 'runqemu qemux86'

Other commonly useful commands are:
 - 'devtool' and 'recipetool' handle common recipe tasks
 - 'bitbake-layers' handles common layer tasks
 - 'oe-pkgdata-util' handles common target package tasks
```
그림 2.2 source oe-init-build-env build 명령의 결과

경우에 따라 다른 빌드 디렉터리를 사용하는 것이 매우 편리하다. 다른 빌드에 영
향을 주지 않고 별도의 프로젝트를 병렬로 작업하거나 실험적으로 설정할 수 있다.

NOTE

> 이 책 전반에 걸쳐 빌드 디렉터리로 build를 사용한다. 빌드 디렉터리 내의 파일을 가리켜야 할 때는
> build/conf/local.conf와 같이 동일한 규칙을 사용한다.

⠿ local.conf 파일 소개

빌드 환경을 초기화하면 build/conf/local.conf라는 파일이 생성된다. 이 설정 파일은 빌드 프로세스의 거의 모든 것을 설정할 수 있기 때문에 매우 강력하다. 맞춤형 크로스 툴체인에 사용할 대상 머신과 툴체인 호스트 아키텍처를 설정하고, 빌드 시간을 최대한 단축하기 위한 옵션을 최적화하는 등의 작업을 수행할 수 있다. build/conf/local.conf 파일에 있는 주석은 훌륭한 문서이자 사용 가능한 변수와 기본값에 대한 참조 자료다. 기본값에서 변경할 수 있는 최소한의 변수는 다음과 같다.

```
MACHINE ??= "qemux86-64"
```

MACHINE 변수는 빌드할 타깃 머신을 정하는 곳이다. 이 책이 쓰여진 시점에서 포키는 레퍼런스 BSP에서 다음 머신을 지원한다.

- **beaglebone-yocto**: 32비트 ARM 레퍼런스 플랫폼 비글본^{BeagleBone}
- **genericx86**: 일반적인 32비트 x86 시스템
- **genericx86-64**: 일반적인 64비트 x86 시스템
- **edgerouter**: 64비트 MIPS 레퍼런스 플랫폼 EdgeRouter Lite

이러한 머신은 **meta-yocto-bsp** 레이어에 있다. 이러한 머신 외에도 오픈임베디드 코어의 meta 디렉터리 내에서 다음과 같은 QEMU 머신도 지원한다.

- **qemuarm**: QEMU ARMv7 에뮬레이터^{emulator}
- **qemuarmv5**: QEMU ARMv5 에뮬레이터
- **qemuarm64**: QEMU ARMv8 에뮬레이터
- **qemumips**: QEMU MIPS 에뮬레이터
- **qemumips64**: QEMU MIPS64 에뮬레이터
- **qemuppc**: QEMU PowerPC 에뮬레이터

- **qemuppc64**: QEMU PowerPC 64 에뮬레이터

- **qemux86-64**: QEMU x86-64 에뮬레이터

- **qemux86**: QEMU x86 에뮬레이터

- **qemuriscv32**: QEMU RISC-V 32 에뮬레이터

- **qemuriscv64**: QEMU RISC-V 64 에뮬레이터

여러 공급업체에서 제공하는 추가 BSP 레이어는 다른 머신을 지원한다. 추가 BSP 레이어를 사용하는 과정은 11장에서 다룬다.

NOTE

> local.conf 파일은 Yocto 프로젝트의 도구 전체에서 여러 전역 기본 설정을 재정의할 수 있는 편리한 방법이다. 기본적으로 이미지 파일에 패키지를 추가하는 등 모든 변수를 변경하거나 설정할 수 있다. build/conf/local.conf 파일을 변경하는 것이 편리하지만 소스코드 관리 시스템은 일반적으로 이 디렉터리의 임시 변경 사항을 추적하지 않는다.

build/conf/local.conf 파일에는 여러 변수를 설정할 수 있다. 시간을 내어 생성된 파일 주석을 읽어보고 어떤 변수를 설정할 수 있는지 대략적으로 파악하는 것이 좋다.

⁝⟩ 타깃 이미지 빌드

포키는 이미지를 빌드하고자 몇 개의 미리 정의된 이미지 레시피를 제공한다. 가능한 이미지의 종류는 포키 디렉터리에서 다음 명령을 실행하면 알 수 있다.

```
$ ls meta*/recipes*/images/*.bb
```

모든 레시피는 압축 해제, 패키지 설정, 하드웨어나 지원하는 QEMU 머신에서 사용할 수 있는 파일 시스템을 생성하는 집합인 이미지를 제공한다.

다음은 가장 많이 사용하는 이미지 목록이다.

- **core-image-minimal**: 타깃 머신이 부팅되도록 지원하며 커널과 부트로더 테스트 및 개발에 유용한 매우 작은 이미지
- **core-image-base**: 타깃 장치에 대한 기본 하드웨어 지원을 제공하는 콘솔 전용 이미지
- **core-image-weston**: Wayland 프로토콜 라이브러리와 레퍼런스 Weston 컴포지터^{compositor}를 제공하는 이미지
- **core-image-x11**: 터미널을 제공하는 기본적인 x11 이미지
- **core-image-sato**: Sato UI를 지원하고 모바일 장치를 위한 모바일 환경을 지원하는 x11 이미지, 터미널, 편집기, 파일 매니저, 미디어 플레이어와 같은 애플리케이션 지원
- **core-image-full-cmdline**: 더 많은 기능을 갖춘 리눅스 시스템 기능이 설치된 콘솔 전용 이미지

커뮤니티에서 다른 레퍼런스 이미지를 사용할 수 있다. 일부 이미지는 실시간, 초기화, MTD(플래시 도구)와 같은 기능을 지원한다. 전체 목록과 업데이트된 목록은 소스코드 또는 Yocto 프로젝트 레퍼런스 매뉴얼(https://docs.yoctoproject.org/4.0.4/ref-manual/index.html)을 확인하는 것이 좋다.

타깃에 대한 이미지를 빌드하는 과정은 간단하다. 하지만 먼저 비트베이크를 사용하기 전에 source oe-init-build-env [build-directory]를 사용해 빌드 환경을 설정해야 한다. 이미지를 빌드하려면 다음 명령에서 템플릿을 사용할 수 있다.

```
$ bitbake <recipe name>
```

그림 2.3 비트베이크를 사용해 레시피를 빌드하는 방법

NOTE

> 다음 예제에서는 MACHINE = "qemux86-64"를 사용한다. 이를 build/conf/local.conf에서 설정할 수 있다.

예를 들어 core-image-full-cmdline을 빌드하려면 다음 명령을 사용한다.

```
$ bitbake core-image-full-cmdline
```

포키 빌드는 그림 2.4와 같이 실행된다.

```
$ bitbake core-image-full-cmdline
Loading cache: 100% |################################################| Time: 0:00:00
Loaded 1641 entries from dependency cache.
Parsing recipes: 100% |###############################################| Time: 0:00:00
Parsing of 882 .bb files complete (881 cached, 1 parsed). 1641 targets, 44 skipped, 0 masked, 0
errors.
NOTE: Resolving any missing task queue dependencies

Build Configuration:
BB_VERSION           = "2.0.0"
BUILD_SYS            = "x86_64-linux"
NATIVELSBSTRING      = "universal"
TARGET_SYS           = "x86_64-poky-linux"
MACHINE              = "qemux86-64"
DISTRO               = "poky"
DISTRO_VERSION       = "4.0.4"
TUNE_FEATURES        = "m64 core2"
TARGET_FPU           = ""
meta
meta-poky
meta-yocto-bsp       = "kirkstone:e81e703fb6fd028f5d01488a62dcfacbda16aa9e"

Initialising tasks: 100%
|##################################################################| Time: 0:00:02
Sstate summary: Wanted 452 Local 449 Mirrors 0 Missed 3 Current 1172 (99% match, 99% complete)
Removing 2 stale sstate objects for arch qemux86_64: 100%
|##################################################################| Time: 0:00:00
NOTE: Executing Tasks
NOTE: Tasks Summary: Attempted 4105 tasks of which 4095 didn't need to be rerun and all succeeded.
NOTE: Writing buildhistory
NOTE: Writing buildhistory took: 13 seconds
```

그림 2.4 bitbake core-image-full-cmdline 결과

⠿ QEMU에서 이미지 실행

하드웨어 에뮬레이션을 사용하면 실제 하드웨어를 사용하지 않고도 테스트 실행
이 가능하므로 개발 프로세스의 속도를 높일 수 있다. 다행히도 대부분의 프로젝
트에서 하드웨어에 의존하는 부분은 극히 일부에 불과하다.

QEMU는 하드웨어 가상화를 수행하는 무료 오픈소스 소프트웨어 패키지다. QEMU
기반 머신을 사용하면 실제 하드웨어 없이도 테스트와 개발이 가능하다. 현재

ARMv5, ARMv7, ARMv8, MIPS, MIPS64, PowerPC, PowerPC 64, RISC-V 32, RISC-V 64, x86, x86-64 에뮬레이션이 지원된다. 16장에서 QEMU 사용을 자세히 설명한다.

오픈임베디드 코어는 QEMU를 좀 더 쉽게 사용할 수 있는 래퍼인 runqemu 스크립트를 제공한다. 스크립트를 실행하는 방법은 다음과 같다.

```
$ runqemu <machine> <zimage> <filesystem>
```

<machine>은 qemux86-64 또는 지원되는 기타 머신으로 사용할 머신/아키텍처다. 또한 <zimage>는 커널의 경로다(예: bzImage-qemux86-64.bin). 마지막으로 <filesystem>은 ext4 이미지(예: filesystem-qemux86-64.ext4) 또는 NFS 디렉터리의 경로다. 앞의 runqemu 호출에서 <zimage> 및 <filesystem>에 대한 모든 매개변수는 선택 사항이다. 빌드 환경이 설정된 셸에서 이미지를 실행하면 빌드 환경의 기본 설정이 자동으로 선택되므로 runqemu를 실행하는 것만으로 충분하다.

예를 들어 runqemu qemux86-64 core-image-full-cmdline을 실행하면 그림 2.5와 비슷한 것을 볼 수 있다.

그림 2-5 리눅스 커널을 부팅하는 동안 QEMU 화면

리눅스 부팅이 완료되면 그림 2.6과 같이 로그인 프롬프트가 표시된다.

그림 2.6 사용자 로그인 동안의 QEMU 화면

빈 비밀번호를 사용해 루트 계정에 로그인할 수 있다. 시스템은 QEMU 내에서 실행하더라도 일반 머신처럼 작동한다. 실제 하드웨어에 이미지를 배포하는 프로세스는 사용되는 스토리지 유형, 부트로더 등에 따라 다르다. 하지만 이미지를 생성하는 과정은 동일하다. 실제 하드웨어에서 이미지를 빌드하고 실행하는 방법은 15장에서 살펴본다.

⁝⁝⁝ 정리

2장에서는 포키를 설정하고 첫 번째 이미지를 빌드하는 데 필요한 단계를 살펴봤다. 그런 다음 runqemu를 사용해 해당 이미지를 실행해서 사용 가능한 기능에 대해 알아봤다. 3장에서는 비트베이크의 사용자 친화적인 인터페이스인 Toaster를 소개한다. 이를 사용해 이미지를 빌드하고 추가로 커스터마이징한다.

03

Toaster를 사용한 이미지 생성

이제 포키에서 비트베이크를 사용해 이미지를 만드는 방법을 알았으니, Toaster를 사용해 동일한 작업을 수행하는 방법을 살펴본다. Toaster의 가장 간단한 사용법과 기능을 알아본다.

⁞⁝ Toaster 소개

Toaster는 빌드를 설정하고 실행하는 웹 인터페이스로, 빌드, 패키지, 이미지 정보를 관리하고 수집하기 위해 비트베이크 및 포키 빌드 시스템과 통신한다.

Toaster를 사용하는 방법에는 2가지가 있다.

- **로컬:** 로컬 인스턴스로 Toaster를 실행한다. 단일 사용자 개발에 적합하고 비트베이크 커맨드라인과 일부 빌드 정보를 그래픽 인터페이스로 제공한다.
- **호스팅:** 다중 사용자 개발에 적합하다. Toaster 서버는 사용자의 아티팩트를 빌드하고 저장하며, 호스팅 인스턴스를 사용할 때 컴포넌트를 여러 시스템

에 분산할 수 있다.

3장에서는 로컬 인스턴스로 Toaster를 사용한다. 호스팅 인스턴스로 사용하고 싶으면 웹 사이트(https://docs.yoctoproject.org/4.0.4/toaster-manual/index.html)를 참고한다.

NOTE

> 호스팅 인스턴스를 사용하기 전에 모든 호스팅 서비스는 보안 문제를 주의해야 함을 명심하자.

⋮⋮ Toaster 설치

Toaster는 파이썬 장고^{Django} 프레임워크를 사용해 구현됐으므로 파이썬의 **pip** 유틸리티를 사용해 쉽게 설치할 수 있다. 2장에서 호스트 머신을 설정할 때 이미 **pip**를 설치했기 때문에 포키 소스 디렉터리에서 Toaster를 실행하는 데 필요한 추가 모듈을 다음 명령으로 설치할 수 있다.

```
$ pip3 install --user -r bitbake/toaster-requirements.txt
```

⋮⋮ Toaster 시작

Toaster에 필요한 모듈을 설치했으면 서버를 시작할 준비가 됐다. 포키 디렉터리에서 다음 명령을 실행한다.

```
$ source oe-init-build-env
$ source toaster start
```

명령을 완료하는 데 시간이 다소 걸린다. 모든 설정이 완료되면 웹 서버가 시작된다. 결과는 그림 3.1과 같다.

```
Build configuration saved
Loading default settings
Installed 7 object(s) from 1 fixture(s)
Loading poky configuration
Installed 44 object(s) from 1 fixture(s)
Importing custom settings if present
NOTE: optional fixture 'custom' not found

Fetching information from the layer index, please wait.
You can re-update any time later by running bitbake/lib/toaster/manage.py lsupdates

2022-09-08 11:01:55,506 INFO Fetching metadata for kirkstone HEAD master honister hardknott
\2022-09-08 11:03:04,609 INFO Processing releases
Updating Releases 100%
2022-09-08 11:03:04,611 INFO Processing layers
Updating layers 100%
2022-09-08 11:03:05,392 INFO Processing layer versions
Updating layer versions 100%
2022-09-08 11:03:07,865 INFO Processing layer version dependencies
2022-09-08 11:03:08,127 WARNING Cannot find layer version
(ls:<orm.management.commands.lsupdates.Command object at 0x7fd7b35d80a0>),up_id:76 lv:64 meta-mel
(master)
2022-09-08 11:03:08,146 WARNING Cannot find layer version
(ls:<orm.management.commands.lsupdates.Command object at 0x7fd7b35d80a0>),up_id:76 lv:68 meta-baryon
(master)
2022-09-08 11:03:08,192 WARNING Cannot find layer version
(ls:<orm.management.commands.lsupdates.Command object at 0x7fd7b35d80a0>),up_id:76 lv:79 meta-
netmodule (master)
(...)
2022-09-08 11:03:09,077 WARNING Cannot find layer version
(ls:<orm.management.commands.lsupdates.Command object at 0x7fd7b35d80a0>),up_id:76 lv:259 meta-meson
(master)
2022-09-08 11:03:09,907 WARNING Cannot find layer version
(ls:<orm.management.commands.lsupdates.Command object at 0x7fd7b35d80a0>),up_id:76 lv:410 meta-
mediatek (master)
2022-09-08 11:03:10,208 WARNING Cannot find layer version
(ls:<orm.management.commands.lsupdates.Command object at 0x7fd7b35d80a0>),up_id:345 lv:677 meta-intel
(hardknott)
Updating Layer version dependencies 100%
2022-09-08 11:03:12,974 INFO Processing distro information
Updating distros 100%
2022-09-08 11:03:13,662 INFO Processing machine information
Updating machines 100%
2022-09-08 11:03:19,272 INFO Processing recipe information
Updating recipes 100%
Starting webserver...
Toaster development webserver started at http://localhost:8000

You can now run 'bitbake <target>' on the command line and monitor your build in Toaster.
You can also use a Toaster project to configure and run a build.

Successful start.
```

그림 3.1 Toaster 실행 결과

Toaster 웹 인터페이스로 접근하려면 브라우저를 실행하고 http://127.0.0.1:8000
을 입력한다.

그림 3.2는 Toaster의 시작 페이지를 보여준다.

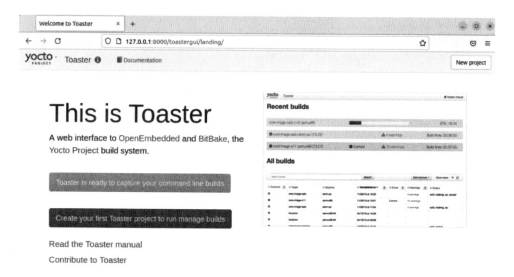

그림 3.2 Toaster 시작 페이지

⁝⁚ QEMU 이미지 빌드

2장과 같은 과정에 따라 QEMU x86-64 에뮬레이션 이미지를 빌드한다.

현재 설정 및 빌드 집합인 프로젝트가 없으므로 새로운 프로젝트를 만들어야 한
다. 그림 3.3과 같이 프로젝트 이름을 만들고 대상 릴리스 버전을 선택한다.

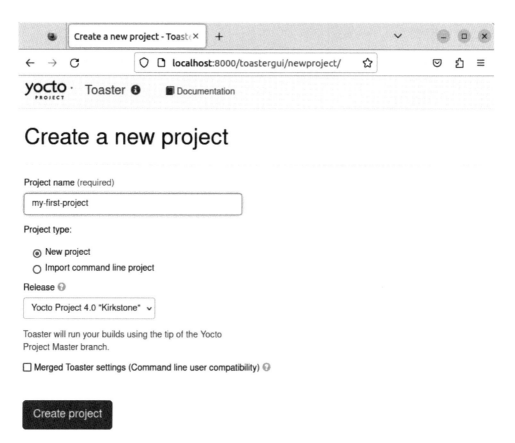

그림 3.3 Toaster로 새로운 프로젝트 생성

my-first-project를 만들면 그림 3.4와 같이 프로젝트 화면을 볼 수 있다.

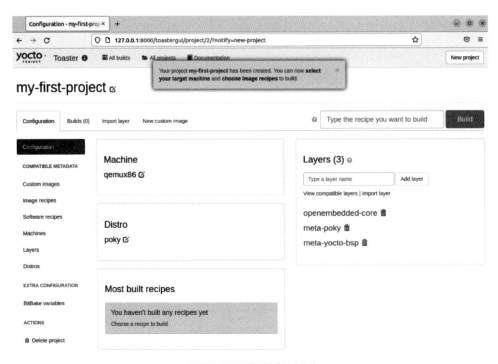

그림 3.4 프로젝트의 첫 페이지

Configuration 탭에서 Machine으로 가서 **qemux86-64**로 타깃 머신 설정을 변경한다.

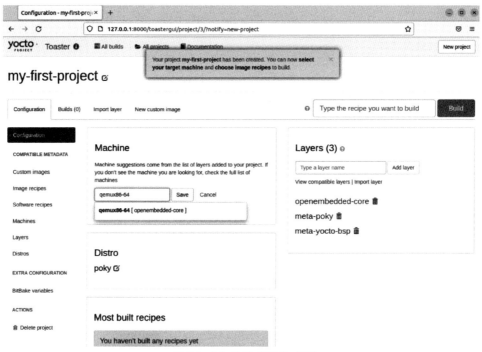

그림 3.5 타깃 머신을 선택하는 방법

이후 빌드하고 싶은 이미지를 선택하기 위해 Image Recipes 탭을 클릭한다. 이 예제에서는 2장에서 사용한 `core-image-full-cmdline`을 선택한다.

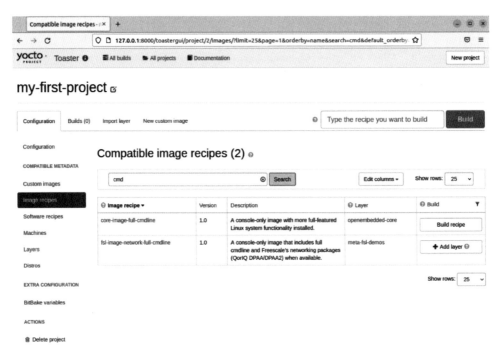

그림 3.6 검색을 사용해 이미지를 찾는 방법

그림 3.7은 빌드 과정을 보여준다.

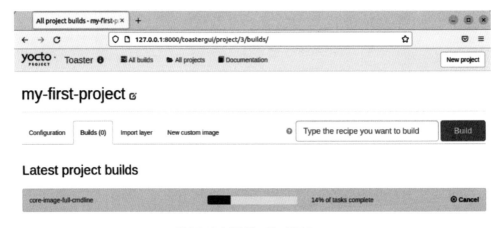

그림 3.7 이미지를 빌드하는 중인 Toaster

빌드를 수행하는 데에는 다소 시간이 걸린다. 이후 그림 3.8에서 보여주는 것처럼 여러 통계와 함께 빌드한 이미지를 볼 수 있다.

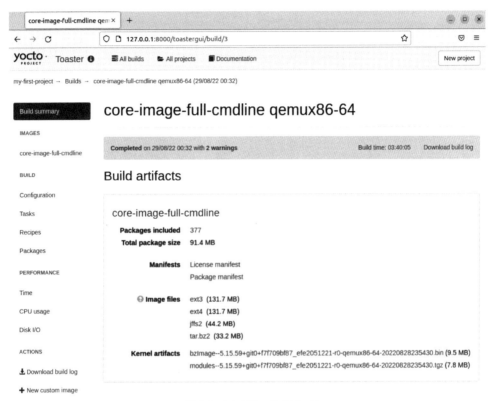

그림 3.8 이미지 빌드 결과 보고서

그림 3.9처럼 생성된 파일의 집합도 확인할 수 있다.

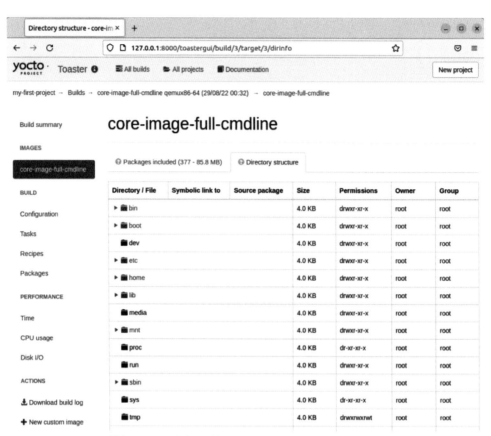

그림 3.9 Toaster에서 보여준 core-image-full-cmdline 디렉터리 구조

Toaster는 로컬 개발 머신이나 빌드의 그래픽 화면을 보기 위해 공유 서버에서도 사용할 수 있는 강력한 도구다. Toaster를 실행한 터미널로 돌아가서 `runqemu qenux86-64 core-image-full-cmdline` 명령을 실행할 수 있다. 그러면 그림 3.10과 같은 화면을 볼 수 있다.

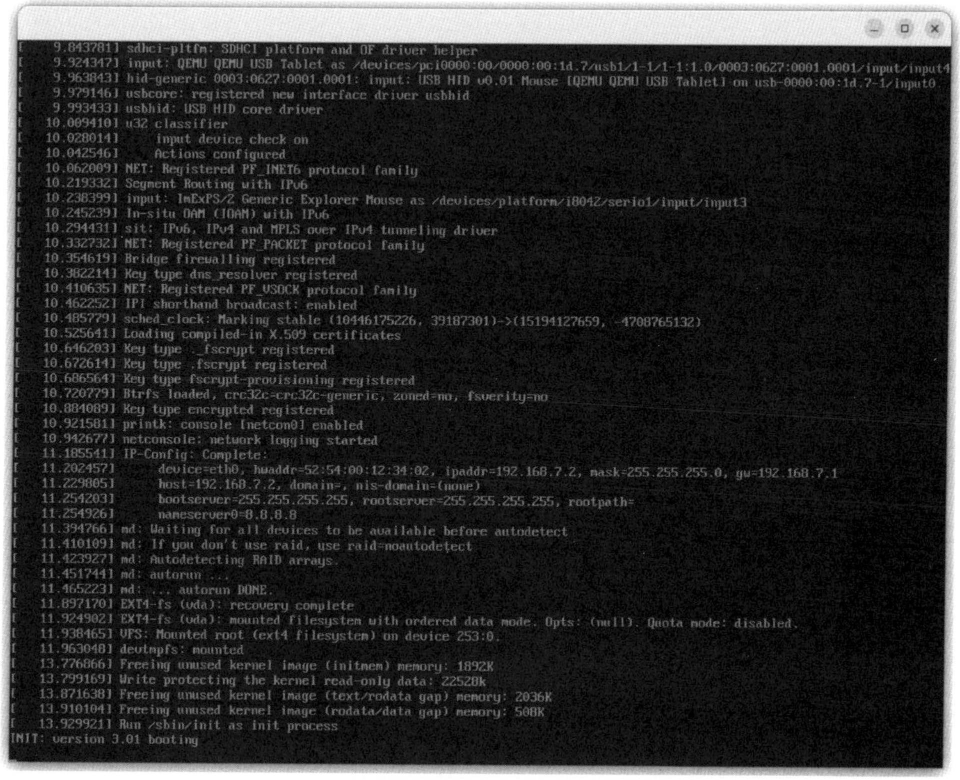

그림 3.10 리눅스 커널을 부팅하는 동안의 QEMU 화면

리눅스 부팅이 끝나면 그림 3.11과 같이 로그인 프롬프트를 보게 된다.

그림 3.11 QEMU에서의 사용자 로그인 화면

암호 없이 root 계정으로 로그인할 수 있다.

⠿ 정리

3장에서는 Toaster를 소개하고 핵심적인 기능을 설명했다. 그러고 나서 Toaster를 설치하고 설정하는 과정을 살펴봤고 이미지를 빌드하고 확인도 했다.

4장에서는 Yocto 프로젝트를 전체적으로 이해하는 데 핵심적인 비트베이크 개념을 알아본다. 모든 개념을 살펴볼 수 있도록 이 책의 나머지 부분에 비트베이크와 커맨드라인을 사용한다.

04

비트베이크 기초

4장에서는 Yocto 프로젝트의 엔진이 내부에서 어떻게 동작하는지 알아본다. 모든 여정에서 그렇듯이 의사소통은 매우 중요하기 때문에 Yocto 프로젝트의 도구에서 사용하는 언어를 이해하고 도구를 최대한 활용해 목표를 달성하는 방법을 알아야 한다.

3장에서 이미지를 만들고 에뮬레이션하고자 표준 Yocto 프로젝트 작업 흐름을 살펴봤다. 4장에서는 메타데이터의 개념과 비트베이크가 내부 데이터 수집을 위해 이 메타데이터를 읽는 방법을 살펴본다.

⁘ 비트베이크 이해

비트베이크 태스크 스케줄러는 Gentoo 배포판의 패키지 관리 시스템인 Portage의 분기 프로젝트로 시작됐다. 그러나 두 프로젝트는 서로 다른 사용 사례로 인해 크게 파편화됐다. Yocto 프로젝트와 오픈임베디드 프로젝트는 비트베이크를 사용하는 가장 잘 알려진 프로젝트이자 가장 활발한 그룹이다. 비트베이크는 Portage

로부터 분리돼 독립적인 개발 주기와 메일링 리스트(bitbake-devel@lists.openembedded.org)를 갖고 있다.

비트베이크는 GNU Make와 유사한 도구다. 1장에서 설명한 것처럼 비트베이크는 파이썬과 셸 스크립트 혼합 코드를 파싱^{parsing}(구문 분석)하는 작업 실행기이자 스케줄러다.

따라서 비트베이크는 가능한 한 많은 태스크를 병렬로 실행하면서 의존성을 고려해 실행되게 하는 역할을 한다.

비트베이크 메타데이터 집합

비트베이크의 경우 메타데이터 집합 외에는 메타데이터가 존재하지 않는다. 대신 메타데이터 집합은 고유한 이름을 가지며, Yocto 프로젝트에서 이러한 집합에 사용하는 일반적인 용어는 레이어다.

1장에서 다음 레이어에 대해 설명했다.

- **오픈임베디드 코어:** meta 디렉터리에 있다.
- **포키 배포판:** meta-poky 디렉터리에 있다.
- **Yocto 프로젝트 레퍼런스 BSP:** meta-yocto-bsp 디렉터리에 있다.

이 목록은 레이어의 실제 예를 설명한다. 모든 레이어에는 conf/layer.conf라는 파일이 있다. 이 파일은 집합 이름 및 우선순위와 같은 여러 레이어 속성을 정의한다. 그림 4.1은 meta-poky 레이어에 대한 conf/layer.conf 파일을 보여준다.

```
 1 # We have a conf and classes directory, add to BBPATH
 2 BBPATH =. "${LAYERDIR}:"
 3
 4 # We have recipes-* directories, add to BBFILES
 5 BBFILES += "${LAYERDIR}/recipes-*/*/*.bb \
 6             ${LAYERDIR}/recipes-*/*/*.bbappend"
 7
 8 BBFILE_COLLECTIONS += "yocto"
 9 BBFILE_PATTERN_yocto = "^${LAYERDIR}/"
10 BBFILE_PRIORITY_yocto = "5"
11
12 LAYERSERIES_COMPAT_yocto = "kirkstone"
13
14 # This should only be incremented on significant changes that will
15 # cause compatibility issues with other layers
16 LAYERVERSION_yocto = "3"
17
18 LAYERDEPENDS_yocto = "core"
19
20 REQUIRED_POKY_BBLAYERS_CONF_VERSION = "2"
```

그림 4.1 meta-poky 레이어의 conf/layer.conf 파일

앞의 예시는 비교적 간단하지만 conf/layer.conf의 원리를 설명하기 위한 기반이
된다.

그림 4.1에서 2개의 다른 변수, 즉 BBPATH와 BBFILES에 주목할 필요가 있다.

2번 줄의 BBPATH는 PATH와 유사하지만 메타데이터 검색 목록에 디렉터리를 추가하
고, 5번 줄의 BBFILES 변수는 레시피를 색인하는 데 사용되는 패턴을 나열한다.

8번 줄인 BBFILE_COLLECTIONS에서는 비트베이크에 yocto라는 새 메타데이터 집합
을 생성하도록 지시한다. 다음으로 9번 줄인 BBFILE_PATTERN_yocto에서는 yocto
집합에 속한 메타데이터를 식별하고자 LAYERDIR 변수로 시작하는 모든 경로를
일치시키는 규칙을 정의한다. 마지막으로 10번 줄에서 BBFILE_PRIORITY_ yocto는
다른 메타데이터 집합에 대한 yocto 집합의 우선순위(숫자가 높을수록 우선순위가 높음)를 설정
한다.

레이어 간의 의존성 관계는 필요한 모든 메타데이터를 사용할 수 있도록 보장
하기 때문에 매우 중요하다. 예를 들어 18번 줄에 있는 conf/layer.conf 파일의
LAYERDEPENDS_yocto는 오픈임베디드 코어 레이어에서 제공하는 core에 의존성을
추가한다.

그림 4.2는 `bitbake-layers` 명령을 사용해 포키의 레이어를 보여준다.

```
$ bitbake-layers show-layers
NOTE: Starting bitbake server...
layer                    path                                priority
=====================================================================
meta                     /home/user/yocto/poky/meta          5
meta-poky                /home/user/yocto/poky/meta-poky     5
meta-yocto-bsp           /home/user/yocto/poky/meta-yocto-bsp 5
```

그림 4.2 포키에서 bitbake-layers show-layers 실행 결과

⠿ 메타데이터 유형

비트베이크에서 사용하는 메타데이터를 분류할 수 있는 3가지 주요 영역이 있다.

- 환경설정(.conf 파일들)
- 클래스(.bbclass 파일들)
- 레시피(.bb와 .bbappend 파일들)

환경설정 파일은 전역 콘텐츠를 정의해 정보를 제공하고 레시피 동작 방식을 설정한다. 환경설정 파일의 대표적인 예로는 하드웨어를 설정하는 환경설정 목록이 있는 머신(MACHINE) 파일이 있다.

전체 시스템은 레시피가 필요에 따라 또는 기본적으로 상속할 수 있는 클래스를 사용하며, 이 클래스는 일반적으로 사용되는 시스템의 동작을 정의하고 기본 메서드를 제공한다. 예를 들어 **kernel.bbclass**는 버전 또는 공급업체 변경과 무관하게 리눅스 커널 빌드 및 패키징과 관련된 작업을 추상화한다.

NOTE

레시피와 클래스는 파이썬과 셸 스크립트로 작성돼 있다.

클래스와 레시피는 실행할 태스크를 담고 있고 비트베이크가 필요한 태스크 목록

과 의존성을 생성하는 데 필요한 정보를 제공한다. 상속 메커니즘을 사용하면 레시피가 하나 이상의 클래스를 상속해 코드 재사용을 촉진하고 정확성을 개선하며 유지 관리를 더 쉽게 할 수 있다. 리눅스 커널 레시피의 예로 `kernel.bbclass`와 같은 클래스 집합을 상속하는 `linux-yocto_5.15.bb`가 있다.

5장에서는 모든 유형의 메타데이터(`.conf`, `.bb`, `.bbclass`)에서 가장 일반적으로 사용되는 비트베이크를 상세하게 다루고, 8장에서는 메타데이터 문법과 구문을 자세히 설명한다.

⁑ 정리

4장에서는 Yocto 프로젝트 이해의 기반이 되는 메타데이터와 메타데이터 집합 개념, conf/layer.conf의 중요성을 알아봤다. 5장에서는 메타데이터에 대해 더 자세히 살펴보고 레시피가 서로 의존하는 방식과 비트베이크가 의존성을 어떻게 처리하는지 살펴본다. 또한 비트베이크가 관리하는 작업을 더 자세히 파악하고, 필요한 모든 소스코드를 다운로드하고, 패키지를 빌드하고 생성하면서 이러한 패키지가 생성된 이미지에 어떻게 들어가는지 살펴본다.

05

비트베이크 상세 소개

4장에서는 메타데이터, 메타데이터 집합 개념, conf/layer.conf의 중요성을 살펴봤다. 5장에서는 메타데이터를 좀 더 자세히 살펴보고 레시피가 서로 어떻게 의존성을 갖는지 이해하고, 비트베이크가 의존성을 어떻게 처리하는지 살펴본다.

또한 소스코드 다운로드부터 이미지 및 기타 아티팩트 생성에 이르기까지 여러 태스크 목록을 다룬다. 이러한 태스크의 예시로 빌드, 패치, 설정, 컴파일, 설치, 패키지 생성에 사용되는 디렉터리에 소스코드를 저장하는 것, 그리고 패키지가 생성된 이미지에 어떻게 적용되는지 결정하는 것이 있으며, 이 장에서 소개한다.

⁝⁝ 메타데이터 파싱

일반적으로 프로젝트에는 특정 요구 사항을 충족하기 위해 서로 다른 메타데이터를 제공하는 여러 레이어를 가질 수 있다. 예를 들어 빌드 디렉터리를 초기화할 때 source oe-init-build-env build를 사용하면 그림 5.1과 같은 파일 집합이 생성된다.

```
$ tree build
build
└── conf
        ├── bblayers.conf
        ├── local.conf
        └── templateconf.cfg

1 directory, 3 files
```

그림 5.1 source oe-init-build-env build로 생성된 파일 목록

build/conf/templateconf.cfg 파일은 build/conf 디렉터리를 생성하기 위한 템플릿
으로 사용된 디렉터리를 가리킨다.

build/conf/local.conf 파일은 로컬 설정 파일을 갖고 있다. 2장을 포함한 이 책의
전반에 걸쳐 이 파일을 사용한다.

비트베이크는 그림 5.2의 예제와 같이 빌드 환경에서 사용하는 레이어를 갖고 있
는 build/conf/bblayers.conf 파일을 사용한다.

```
 1 # POKY_BBLAYERS_CONF_VERSION is increased each time build/conf/bblayers.conf
 2 # changes incompatibly
 3 POKY_BBLAYERS_CONF_VERSION = "2"
 4
 5 BBPATH = "${TOPDIR}"
 6 BBFILES ?= ""
 7
 8 BBLAYERS ?= " \
 9   /home/user/yocto/poky/meta \
10   /home/user/yocto/poky/meta-poky \
11   /home/user/yocto/poky/meta-yocto-bsp \
12   "
```

그림 5.2 source oe-init-build-env build를 실행한 후의 build/conf/bblayers.conf 내용

8번 줄의 BBLAYERS 변수는 공백으로 구분된 레이어 디렉터리 목록이다. 비트베이
크는 각 레이어를 파싱해 해당 내용을 메타데이터 집합에 로드한다. 비트베이크

에서 사용하는 메타데이터는 크게 3가지 범주로 분류할 수 있고 다음과 같이 나열된다.

- 환경설정(.conf 파일들)
- 클래스(.bbclass 파일들)
- 레시피(.bb와 .bbappend 파일들)

사용 중인 모든 레이어를 파싱한 후 비트베이크는 메타데이터를 파싱하기 시작한다. 비트베이크에서 가장 먼저 파싱되는 메타데이터는 .conf 파일 확장자로 식별되는 설정 메타데이터다. 이 메타데이터는 전역 메타데이터이므로 실행된 모든 레시피와 태스크에 영향을 준다.

비트베이크는 먼저 BBPATH 목록에 포함된 경로 중 하나에서 meta/conf/bitbake. conf를 로드한다. meta/conf/bitbake.conf 파일에는 아키텍처별 메타데이터, 머신 설정 파일, build/conf/local.conf 파일과 같은 메타데이터를 가져오는 지시어가 사용된다. 비트베이크 설정 파일(.conf)의 한 가지 중요한 제한 사항은 변수 정의와 include 지시어만 허용된다는 것이다.

비트베이크의 클래스(.bbclass)는 클래스/디렉터리의 기본적인 상속 메커니즘이다. 파싱 중에 상속 지시어가 나타나면 비트베이크는 즉시 연결된 클래스를 파싱한다. 클래스 내용은 BBPATH 변수 목록의 순서에 따라 검색된다.

BBFILES 변수는 공백으로 구분된 .bb 및 .bbappend 파일 목록이며 와일드카드를 사용할 수 있다. conf/layer.conf 내의 모든 레이어에 필요하므로 비트베이크는 레시피를 찾을 위치를 알고 있다. 비트베이크 레시피(.bb)는 실행할 작업의 논리적 단위로, 일반적으로 패키지를 나타낸다.

⁞⁞ 의존성

비트베이크 관점에서 3가지 다른 의존성 유형이 있다.

- 빌드
- 런타임
- 태스크

라이브러리와 같은 다른 패키지가 필요한 애플리케이션은 성공적인 컴파일을 위해 빌드 의존성을 갖고 있다. 빌드 의존성에는 컴파일러, 라이브러리, 네이티브 빌드 도구(예: CMake)가 포함된다. 또한 빌드 의존성은 애플리케이션이 런타임에 필요할 때만 런타임 의존성을 갖는다. 런타임 의존성에는 글꼴, 아이콘, 동적으로 열리는 라이브러리 및 언어 인터프리터가 포함된다.

TIP

> 포키 규칙 중 하나는 레시피 이름에 -native 접미사를 사용하는 것이다. 이는 해당 도구가 빌드 프로세스 중에 호스트 빌드 시스템에서 실행되게 돼 있으며 타깃에 배포되지 않기 때문이다.

예를 들어 패키지를 컴파일하려면 소스코드를 다운로드해야 하는 등 태스크 의존성은 태스크 실행의 혼돈 속에서 질서를 만들어낸다. 내부적으로 모든 의존성은 태스크 의존성이다. 즉, 패키지 B가 패키지 A에 대한 빌드 의존성이 있는 경우 패키지 B가 시작되기 전에 패키지 A의 태스크를 완료해야 한다.

메타데이터는 모든 의존성을 표현한다. 예를 들어 레시피는 DEPENDS 변수를 사용해 빌드 의존성을 표현하고 RDEPENDS 변수를 사용해 런타임 의존성을 표현할 수 있다.

레시피 의존성 체인을 알고 있는 비트베이크는 빌드에 대한 모든 레시피를 가능한 순서대로 정렬할 수 있다. 비트베이크는 다음과 같은 방식으로 작업을 구성한다.

- 의존성 관계가 없는 레시피 태스크는 병렬로 빌드된다.
- 의존성 있는 레시피는 순서대로 빌드되고 의존성을 충족하는 방식으로 정렬된다.

TIP

> 런타임 의존성에 포함된 모든 레시피가 빌드 목록에 추가된다. 당연한 것처럼 들리지만 빌드 중에 아무런 역할이 없더라도 결과 바이너리 패키지를 설치할 수 있도록 사용할 준비가 돼 있어야 한다. 이는 이미지를 빌드하거나 피드를 채울 때 필요하다.

⁝⁝▶ 선호하는 레시피 설정

의존성은 2가지 사이의 관계로, 한쪽이 존재해야만 다른 한쪽이 충족될 수 있다. 그러나 의존성은 특정 기능이나 특성이 충족되기 위해 필요하다는 것만 지정할 뿐 정확히 어떻게 충족돼야 하는지는 지정하지 않는다.

예를 들어 레시피가 A에 의존성이 있는 경우 처음으로 드는 생각은 A라는 레시피에 의존성이 있다는 것이다. 그러나 A의 의존성 요구 사항을 충족하는 방법에는 2가지가 있을 수 있다.

- A로 불리는 레시피
- A로 불리는 기능 및 특징을 제공하는 레시피

레시피가 기능 또는 특징 요구 사항을 충족할 수 있다는 것을 비트베이크에 전달하려면 PROVIDES 키워드를 사용해야 한다. 미묘한 결과는 2개 이상의 레시피가 동일

한 기능이나 특성을 제공할 수 있다는 것이다. 따라서 어떤 레시피가 해당 요구
사항을 충족해야 하는지 PREFERRED_PROVIDER 키워드를 사용해 비트베이크에 알려
야 한다.

따라서 foo_1.0.bb라는 레시피가 bar에 의존성이 있는 경우 비트베이크는 bar가
제공하는 모든 레시피를 나열한다. bar 의존성은 다음과 같이 충족할 수 있다.

- 모든 레시피가 기본으로 제공하기 때문에 bar_<version>.bb 포맷을 가진
  레시피
- bar를 값으로 가진 PROVIDES 변수가 있는 레시피

virtual/kernel 프로바이더가 이 메커니즘의 명확한 예다. virtual/ 네임스페이
스는 일반적으로 재정의되는 공급자 집합이 있을 때 채택되는 규칙이다.

커널을 빌드해야 하는 모든 레시피는 의존성 목록에 virtual/kernel을 추가할 수
있으며(DEPENDS), 비트베이크는 해당 의존성을 충족한다. 대체 공급자가 있는 레시피
가 2개 이상 있는 경우 그림 5.3과 같이 사용할 레시피를 선택해야 한다.

```
1 PREFERRED_PROVIDER_virtual/kernel = "linux-mymachine"
```

그림 5.3 virtual/kernel에 대한 선호하는 제공자를 설정하는 방법의 예시

virtual/kernel 공급자는 머신마다 다를 수 있으므로 일반적으로 머신 정의 파일
에 설정된다. 머신 정의 파일을 생성하는 방법은 12장에서 살펴본다.

NOTE

제공자가 누락돼 의존성을 만족할 수 없는 경우 비트베이크는 오류를 발생시킨다.

비트베이크는 버전이 다른 두 공급자가 있는 경우 기본적으로 가장 높은 버전을
사용한다. 그러나 PREFERRED_VERSION을 사용해 비트베이크가 다른 버전을 사용하
도록 강제할 수 있다. 이는 공급업체가 보드에 특정 버전을 사용할 수 있는 부트로
더와 같은 BSP에서 일반적으로 사용한다.

개발 버전이나 신뢰할 수 없는 레시피 버전으로 사용하지 않으려면 그림 5.4와 같이 레시피 파일에 **DEFAULT_PREFERENCE** 키워드를 사용해 기본적으로 버전 기본 설정을 낮추면 된다.

```
1 DEFAULT_PREFERENCE = "-1"
```

그림 5.4 레시피에서 선호하는 버전을 낮추는 방법

따라서 버전이 더 높더라도 해당 버전을 사용하도록 명시적으로 설정하지 않으면 레시피가 선택되지 않는다.

⁞⁞▶ 소스코드 다운로드

포키 소스코드를 다운로드하면 메타데이터 집합과 비트베이크가 다운로드된다. 비트베이크에서 지원하는 주요 기능 중 하나는 소스코드 다운로드하기다.

외부 소스코드를 다운로드하는 기능은 많이 모듈화돼 있고 유연하다. 예를 들어 모든 리눅스 기반 시스템에는 리눅스 커널과 루트 파일 시스템을 구성하는 여러 가지 유틸리티(예: OpenSSH 또는 BusyBox)가 포함돼 있다.

OpenSSH 소스코드는 업스트림 웹 사이트에서 HTTP 서버에서 호스팅되는 tar.gz 파일로 제공되며, 리눅스 커널 릴리스는 깃 저장소에 있다. 따라서 비트베이크는 이 2가지 소스코드 인스턴스를 쉽게 가져올 수 있다.

비트베이크는 다음과 같이 타르볼 파일을 받을 수 있는 다양한 다운로드 모듈과 기타 여러 SCM 시스템을 지원한다.

- 아마존 AWS S3
- 안드로이드^{Android} repo
- 애저^{Azure} 저장소
- Bazaar

- ClearCase

- CVS

- FTP

- 깃

- 깃 Annex

- 깃 Submodules

- HTTP(S)

- Mercurial

- NPM

- NPMSW(npm shrinkwrap 구현)

- 오픈수세 빌드 서비스 클라이언트

- 퍼포스Perforce

- Rust Crate

- SFTP

- SSH

- 서브버전Subversion

비트베이크가 소스코드를 가져오는 데 사용하는 메커니즘은 내부적으로 페처 백엔드fetcher backend라고 불리며, 사용자의 요구 사항에 맞춰 소스코드를 가져오는 것을 최적화하도록 설정할 수 있다.

원격 파일 다운로드

비트베이크는 원격 파일 다운로드를 위한 여러 가지 방법을 지원한다. 가장 일반적으로 사용되는 방법은 `http://`, `https://`, `git://`이다. 여기서는 비트베이크가 원격 다운로드를 처리하는 방법에 대한 내부 세부 사항은 다루지 않고, 대신 가시적인 효과에 초점을 맞춘다.

비트베이크는 레시피에서 do_fetch 작업을 실행할 때 SRC_URI 내용을 확인한다. 예를 들어 pm-utils 레시피(meta/recipes-bsp/pm-utils/pm-utils_1.4.1.bb에서 제공)를 살펴보자. 처리된 변수는 그림 5.5에 나와 있다.

```
1 SRC_URI = "http://pm-utils.freedesktop.org/releases/pm-utils-${PV}.tar.gz"
2 SRC_URI[sha256sum] = "8ed899032866d88b2933a1d34cc75e8ae42dcde20e1cc21836baaae3d4370c0b"
```

그림 5.5 pm-utils_1.4.1.bb 레시피에 있는 SRC_URI

비트베이크는 PV 변수를 패키지 버전(이 예제에서 1.4.1은 pm-utils_1.4.1.bb 레시피 파일 이름에서 가져옴)으로 확장해 http://pm-utils.freedesktop.org/releases/pm-utils-1.4.1.tar.gz에서 파일을 다운로드한 다음 다운로드 저장 디렉터리를 가리키는 DL_DIR로 저장한다.

다운로드가 완료되면 비트베이크는 다운로드한 파일의 sha256sum 값을 레시피의 값과 비교한다. 값이 일치하면 ${DL_DIR}/pm-utils-1.4.1.tar.gz.done 파일을 생성해 파일을 성공적으로 다운로드 및 검사한 것으로 표시해 비트베이크가 해당 파일을 재사용할 수 있게 한다.

NOTE

기본적으로 DL_DIR 변수는 build/downloads 디렉터리를 가리킨다. build/conf/local.conf 파일에 DL_DIR = "/my/download-cache"를 추가해 이 변수를 재정의할 수 있다. 이렇게 하면 여러 빌드 디렉터리에서 동일한 다운로드 캐시를 공유할 수 있으므로 다운로드 시간과 대역폭을 절약할 수 있다.

깃 저장소

가장 일반적으로 사용되는 소스 제어 관리 시스템 중 하나는 깃이다. 비트베이크는 깃을 안정적으로 지원하며, do_fetch 작업이 실행돼 SRC_URI 변수의 시작 부분에서 git:// URL을 찾을 때 깃 백엔드가 사용된다.

비트베이크의 깃 백엔드가 저장소를 처리하는 기본 방법은 ${DL_DIR}/git2/<git URL>에 리포지터리를 복제clone하는 것이다. 예를 들어 포키 내부의 meta/recipes-support/lz4/lz4_1.9.4.bb에 있는 lz4_1.9.4.bb 레시피의 다음을 확인해보자.

```
1 SRCREV  = "5ff839680134437dbf4678f3d0c7b371d84f4964"
2 SRC_URI = "git://github.com/lz4/lz4.git;branch=release;protocol=https"
```

그림 5.6 lz4_1.9.4.bb 레시피의 소스코드 다운로드 설정

여기서 **lz4.git** 저장소는 **${DL_DIR}/git2/github.com.lz4.lz4.git**에 복제된다. 이 디렉터리 이름은 프로젝트 이름이 같은 깃 리포지터리 간의 충돌을 방지한다.

SRCREV 변수는 다음의 2가지 경우에 영향을 미친다.

- **do_fetch**: 이 태스크는 SRCREV 변수를 사용해 저장소에 필요한 깃 리비전이 있는지 확인한다.
- **do_unpack**: 이 태스크는 SRCREV를 사용해 필요한 소스 리비전으로 작업 디렉터리를 설정한다.

NOTE

> 사용하려는 리비전이 포함된 브랜치를 지정하려면 SRC_URI = "git://myserver/myrepo.git;branch=mybranch"과 같이 branch=<브랜치 이름> 매개변수를 사용해야 한다. 사용된 해시가 브랜치에서 사용할 수 없는 태그를 가리키는 경우 SRC_URI = "git://myserver/myrepo.git; nobranch=1"과 같이 nobranch=1 옵션을 사용해야 한다.

원격 파일과 깃 저장소는 비트베이크에서 가장 일반적으로 사용되는 다운로드 백엔드다. 다른 소스코드 관리 지원 시스템은 구현 방식이 다양하지만 일반적인 아이디어와 개념은 동일하다.

소스코드 다운로드 최적화

소스코드 다운로드의 안정성을 향상시키고자 포키는 다음과 같이 미러 메커니즘을 제공한다.

- 중앙에서 선호하는 다운로드 서버 설정
- 폴백 서버 집합 설정

안정적인 다운로드 메커니즘을 제공하고자 비트베이크는 다음 정의된 로직 단계를 따른다. 빌드 중 첫 번째 비트베이크 단계는 로컬 다운로드 디렉터리(DL_DIR로 지정됨) 내에서 소스코드를 검색하는 것이다. 이것이 실패하면 다음 단계는 PREMIRRORS 변수에 정의된 위치를 시도한다. 마지막으로 비트베이크는 실패 시 MIRRORS 변수에 지정된 위치를 검색한다. 이러한 단계를 요약하면 다음과 같다.

1. **DL_DIR**: 호스트 머신에서 다운로드 파일을 찾는다.
2. **MIRRORS**: 미러 목록에서 다운로드를 검색한다.
3. **PREMIRRORS**: 외부 서버에서 다운로드를 줄이는 데 사용되며 일반적으로 회사 내부에서 인터넷 사용을 줄이거나 금지하는 데 사용된다.

예를 들어 로컬 서버(https://mylocalserver)를 PREMIRROR로 구성할 때 build/conf/local.conf 와 같은 글로벌 구성 파일에 다음 코드를 추가할 수 있다.

```
 1 PREMIRRORS = " \
 2 cvs://.*/.*        https://mylocalserver \
 3 svn://.*/.*        https://mylocalserver \
 4 git://.*/.*        https://mylocalserver \
 5 gitsm://.*/.*      https://mylocalserver \
 6 hg://.*/.*         https://mylocalserver \
 7 bzr://.*/.*        https://mylocalserver \
 8 p4://.*/.*         https://mylocalserver \
 9 osc://.*/.*        https://mylocalserver \
10 https?://.*/.*     https://mylocalserver \
11 ftp://.*/.*        https://mylocalserver \
12 npm://.*/?.*       https://mylocalserver \
13 s3://.*/.*         https://mylocalserver \
14 "
```

그림 5.7 PREMIRRORS 설정 예제

앞의 코드는 변경할 PREMIRRORS 변수를 앞에 붙이고 빌드 시스템에 모든 다운로드 요청을 가로채도록 지시한다. https://mylocalserver 소스의 미러로 리디렉션한다.

PREMIRRORS의 사용은 일반적이기 때문에 구성을 도와주는 클래스가 있다. 더 쉽게 설정하고자 own-mirror 클래스를 상속한 다음 build/conf/local.conf와 같은 전역 설정 파일에서 SOURCE_MIRROR_URL 변수를 https://mylocalserver로 설정한다.

```
1 INHERIT += "own-mirrors"
2 SOURCE_MIRROR_URL = "https://mylocalserver"
```

그림 5.8 own-mirror를 설정하는 방법

원하는 컴포넌트를 소스 미러에서 사용할 수 없는 경우 비트베이크는 MIRRORS 변수로 되돌아간다. 이 변수의 사용 예시는 그림 5.9에 나와 있다. 포키에서 기본적으로 상속되는 mirrors.bbclass에서 사용되는 일부 서버를 보여준다.

```
 1 MIRRORS += "\
 2 cvs://.*/.*       http://downloads.yoctoproject.org/mirror/sources/ \
 3 svn://.*/.*       http://downloads.yoctoproject.org/mirror/sources/ \
 4 git://.*/.*       http://downloads.yoctoproject.org/mirror/sources/ \
 5 gitsm://.*/.*     http://downloads.yoctoproject.org/mirror/sources/ \
 6 hg://.*/.*        http://downloads.yoctoproject.org/mirror/sources/ \
 7 bzr://.*/.*       http://downloads.yoctoproject.org/mirror/sources/ \
 8 p4://.*/.*        http://downloads.yoctoproject.org/mirror/sources/ \
 9 osc://.*/.*       http://downloads.yoctoproject.org/mirror/sources/ \
10 https?://.*/.*    http://downloads.yoctoproject.org/mirror/sources/ \
11 ftp://.*/.*       http://downloads.yoctoproject.org/mirror/sources/ \
12 npm://.*/?.*      http://downloads.yoctoproject.org/mirror/sources/ \
13 cvs://.*/.*       http://sources.openembedded.org/ \
14 svn://.*/.*       http://sources.openembedded.org/ \
15 git://.*/.*       http://sources.openembedded.org/ \
16 gitsm://.*/.*     http://sources.openembedded.org/ \
17 hg://.*/.*        http://sources.openembedded.org/ \
18 bzr://.*/.*       http://sources.openembedded.org/ \
19 p4://.*/.*        http://sources.openembedded.org/ \
20 osc://.*/.*       http://sources.openembedded.org/ \
21 https?://.*/.*    http://sources.openembedded.org/ \
22 ftp://.*/.*       http://sources.openembedded.org/ \
23 npm://.*/?.*      http://sources.openembedded.org/ \
24 "
```

그림 5.9 MIRRORS 변수를 사용하는 방법에 대한 예제

TIP

공유 가능한 다운로드 캐시를 만드는 것이 목표라고 가정해보자. 이 경우 build/conf/local.conf에서 BB_GENERATE_MIRROR_TARBALLS = "1"을 사용해 다운로드 디렉터리의 SCM 백엔드(예: 깃)에 대한 타르볼 생성을 활성화하는 것이 좋다.

네트워크 접근 비활성화

빌드 프로세스 중 인터넷에 연결하지 않아야 하는 경우가 있다. 여기에는 다음과 같은 몇 가지 타당한 이유가 있다.

- **정책:** 일부 회사는 적절한 법적 검증과 검토 없이 외부 소스를 제품에 포함시키는 것을 허용하지 않는다.
- **네트워크 비용:** 모바일 광대역을 사용해 이동 중일 때는 다운로드할 데이터가 방대할 수 있으므로 데이터 비용이 너무 많이 들 수 있다.
- **다운로드와 빌드 분리:** 이 설정은 하나의 작업이 필요한 모든 소스코드 다운로드를 담당하는 지속적 통합 환경에서 일반적이다. 반대로 빌드 작업은 인터넷 액세스가 비활성화돼 있다. 다운로드와 빌드를 분리하면 소스코드가 중복 다운로드되지 않고 필요한 모든 소스코드를 캐시할 수 있다.
- **네트워크 접근 부족:** 경우에 따라 네트워크에 접근할 수 없는 경우가 있다.

네트워크 연결을 비활성화하려면 build/conf/local.conf 파일에 다음 코드를 추가해야 한다.

```
1 BB_NO_NETWORK = "1"
```

그림 5.10 빌드하는 동안 네트워크 접근을 비활성화하는 방법

⁖ 비트베이크 태스크

비트베이크는 실행 유닛을 사용하는데, 이는 본질적으로 순서대로 실행되는 클러스터된 명령 집합이다. 이러한 단위를 태스크라고 한다. 모든 레시피를 빌드하는 동안 비트베이크는 클래스가 제공하는 많은 태스크를 예약, 실행, 확인해 레시피를 빌드하는 데 사용하는 프레임워크를 형성한다. 따라서 레시피를 작성할 때 이러한 태스크를 직접 사용, 확장, 구현 또는 대체하는 경우가 많으므로 이러한 태스크 중 일부를 이해하는 것이 필수적이다.

다음 명령을 실행하면 비트베이크가 예약된 태스크 집합을 실행한다.

```
$ bitbake <recipe>
```

그림 5.11 레시피에서 모든 테스크를 실행하는 방법

특정 태스크를 실행하려면 다음 명령을 사용한다.

```
$ bitbake <recipe> -c <task>
```

그림 5.12 레시피에서 특정 태스크를 실행하는 방법

레시피에 정의된 태스크를 나열하려면 다음 명령을 사용한다.

```
$ bitbake <recipe> -c listtasks
```

그림 5.13 레시피에 모든 태스크를 보여주는 방법

다음은 wget 레시피의 listtasks 태스크를 실행한 결과다.

```
do_build                            Default task for a recipe - depends on all other normal tasks
                                    required to 'build' a recipe
do_checkuri                         Validates the SRC_URI value
do_clean                            Removes all output files for a target
do_cleanall                         Removes all output files, shared state cache, and downloaded source
                                    files for a target
do_cleansstate                      Removes all output files and shared state cache for a target
do_compile                          Compiles the source in the compilation directory
do_configure                        Configures the source by enabling and disabling any build-time and
                                    configuration options for the software being built
do_deploy_source_date_epoch
do_deploy_source_date_epoch_setscene  (setscene version)
do_devshell                         Starts a shell with the environment set up for development/debugging
do_fetch                            Fetches the source code
do_install                          Copies files from the compilation directory to a holding area
do_listtasks                        Lists all defined tasks for a target
do_package                          Analyzes the content of the holding area and splits it into subsets
                                    based on available packages and files
do_package_qa                       Runs QA checks on packaged files
do_package_qa_setscene              Runs QA checks on packaged files (setscene version)
do_package_setscene                 Analyzes the content of the holding area and splits it into subsets
                                    based on available packages and files (setscene version)
do_package_write_rpm                Creates the actual RPM packages and places them in the Package Feed
                                    area
do_package_write_rpm_setscene       Creates the actual RPM packages and places them in the Package Feed
                                    area (setscene version)
do_packagedata                      Creates package metadata used by the build system to generate the
                                    final packages
do_packagedata_setscene             Creates package metadata used by the build system to generate the
                                    final packages (setscene version)
do_patch                            Locates patch files and applies them to the source code
do_populate_lic                     Writes license information for the recipe that is collected later
                                    when the image is constructed
do_populate_lic_setscene            Writes license information for the recipe that is collected later
                                    when the image is constructed (setscene version)
do_populate_sysroot                 Copies a subset of files installed by do_install into the sysroot in
                                    order to make them available to other recipes
do_populate_sysroot_setscene        Copies a subset of files installed by do_install into the sysroot in
                                    order to make them available to other recipes (setscene version)
do_prepare_recipe_sysroot
do_pydevshell                       Starts an interactive Python shell for development/debugging
do_unpack                           Unpacks the source code into a working directory
```

그림 5.14 wget 레시피 태스크 목록

여기서는 가장 일반적으로 사용되는 태스크를 간략하게 설명한다.

- **do_fetch**: 레시피를 빌드할 때 첫 번째 단계는 이 장의 앞에 설명한 다운로드 백엔드 기능을 사용해 필요한 소스를 가져오는 것이다. 소스나 파일을 가져온다고 해서 원격 소스라는 의미는 아니라는 점에 유의해야 한다.
- **do_unpack**: do_fetch 작업 이후의 작업은 do_unpack이다. 이 작업은 소스코드의 압축을 풀거나 참조된 소스가 SCM 시스템을 사용하는 경우 요청된 리비전 또는 브랜치를 체크아웃하는 작업을 담당한다.
- **do_patch**: 소스코드가 제대로 압축 해제되면 비트베이크는 소스코드 적용을 시작한다. do_fetch가 가져오는 확장자가 .patch인 모든 파일은 적용될 패치로 간주된다. 이 작업은 필요한 패치 목록을 적용한다. 최종 수정된 소스코드는 패키지를 빌드하는 데 사용된다.
- **do_configure, do_compile, do_install**: do_configure, do_compile, do_install 태스크 순서로 수행된다. 태스크에 정의된 환경 변수는 태스크마다 다르다는 점에 유의하는 것이 중요하다. 예를 들어 레시피가 autotools 클래스를 상속하는 경우 do_configure, do_complie, do_install 태스크의 알려진 구현을 제공하는 등 포키는 클래스에 미리 정의된 풍부한 태스크 모음을 제공하므로 가능한 경우 이를 사용해야 한다.
- **do_package**: do_package 태스크는 레시피에 의해 설치된 파일을 디버깅 심볼, 문서, 라이브러리와 같은 논리적 구성 요소로 분할한다. 패키징에 대한 자세한 내용은 7장에서 더 자세히 다룬다.

⁝⁚ 정리

5장에서는 레시피가 서로 의존하는 방식과 포키가 의존성을 처리하는 방법을 알아봤으며, 다운로드가 어떻게 구성되고 어떻게 최적화되는지 이해했다. 또한 필요한 모든 소스코드를 다운로드하고, 이를 사용해 패키지를 빌드하고 생성하기 위해 비트베이크에서 관리하는 태스크들을 살펴봤다.

6장에서는 이미지 생성이 완료된 후 빌드 디렉터리의 내용을 살펴보고 임시 빌드 디렉터리의 내용과 생성된 파일을 포함해 비트베이크를 사용하는 동안 이를 어떻게 사용하는지 알아본다.

06

임시 빌드 디렉터리

6장에서는 이미지 생성에 사용된 임시 빌드 디렉터리의 내용을 이해하고 비트베이크가 빌드 과정 중에 그 내용을 어떻게 사용하는지 알아본다. 또한 이러한 디렉터리 중 일부가 예상대로 작동하지 않을 때 귀중한 정보원 역할을 함으로써 어떻게 도움이 될 수 있는지 알아본다.

빌드 디렉터리

빌드 디렉터리는 중요한 정보가 많고 모든 포키 사용자를 위한 결과물 저장 공간이다. 주요 디렉터리는 다음과 같다.

- **conf:** 포키와 비트베이크를 설정하기 위한 환경설정 파일을 갖고 있다. 2장에서 처음으로 언급됐다. build/conf/local.conf나 build/conf/bblayers.conf와 같은 환경설정 파일이 있다.
- **downloads:** 다운로드된 압축 파일을 저장한다. 다운로드 캐시를 볼 수 있다. 5장에서 자세히 설명했다.

- **sstate-cache:** 패키지된 데이터 스냅숏을 갖고 있다. 주로 빌드 과정에서 속도를 높이기 위해 사용되는 캐시다. 이 디렉터리는 7장에서 자세히 다룬다.
- **tmp:** 정말 유용한 임시 빌드 디렉터리이자 6장에서 주로 설명할 대상이다.

⋙ 빌드 디렉터리 구성

5장에서 포키의 입력과 출력에 대해 추상적이고 높은 수준의 세부 사항을 알아봤다. 비트베이크가 메타데이터를 사용해 이미지를 포함한 여러 유형의 아티팩트를 생성한다는 사실은 이미 알고 있다. 생성된 아티팩트 외에도 비트베이크는 이 과정에서 다른 결과물을 생성하며, 이는 목적에 따라 여러 가지 방식으로 사용될 수 있다.

빌드하는 동안 비트베이크는 여러 작업을 수행하고 빌드 디렉터리를 계속 수정한다. 따라서 다음과 같이 일반적인 비트베이크 실행 흐름을 따라가면 더 잘 이해할 수 있다.

- **다운로드:** 비트베이크가 실행하는 첫 번째 작업은 소스코드를 다운로드하는 것이다. 이 단계에서는 캐시된 다운로드된 소스코드 사본을 사용하거나 다운로드를 수행해 build/downloads 디렉터리에 저장하기 때문에 빌드 디렉터리가 수정될 수 있다.
- **소스 준비:** 소스코드 다운로드를 완료한 후에는 다운로드 캐시에서 로컬로 캐시된 깃 디렉터리의 압축을 풀거나 복제하는 등의 준비를 해야 한다. 이 준비 작업은 build/tmp/work 디렉터리에서 이뤄진다. 소스코드가 준비되면 필요한 수정 사항(예: 필요한 패치 적용 및 올바른 깃 리비전 체크아웃)을 적용한다.
- **환경설정 및 빌드:** 소스코드가 준비되면 빌드 과정이 시작된다. 빌드 옵션을 설정(예: configure)하고 빌드(예: make)를 한다.
- **설치:** 빌드된 결과물은 build/tmp/work/<...>/image의 스테이징 디렉터리에 설치된다.

- **sysroot 복사:** 크로스컴파일을 하기 위해 필요한 라이브러리, 헤더, 그 이외의 파일은 build/tmp/work/<...>/recipe-sysroot와 build/tmp/work/<...>/recipe-sysroot-native 디렉터리에 복사(가끔 수정됨)가 된다.
- **패키지 생성:** 패키지는 설치된 결과물 사용, 하위 패키지에서 파일 분리, 패키지 생성(예: .rpm, .ipk, .deb, .tar) 단계를 거쳐 만들어진다.
- **QA 검사:** 레시피를 빌드할 때 빌드 시스템은 출력물에 대해 다양한 QA 검사를 수행해 일반적인 문제를 감지하고 보고한다.

:::▶ 임시 빌드 디렉터리 분석

임시 빌드 디렉터리(build/tmp)를 이해하는 것은 매우 중요하다. 임시 빌드 디렉터리는 빌드가 시작된 직후에 생성되며 예상대로 동작하지 않는 이유를 파악하는 데 필수적이다.

build/tmp 디렉터리의 내용은 그림 6.1에서 볼 수 있다.

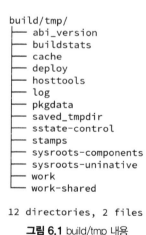

```
build/tmp/
├── abi_version
├── buildstats
├── cache
├── deploy
├── hosttools
├── log
├── pkgdata
├── saved_tmpdir
├── sstate-control
├── stamps
├── sysroots-components
├── sysroots-uninative
├── work
└── work-shared

12 directories, 2 files
```
그림 6.1 build/tmp 내용

다음은 가장 중요한 디렉터리다.

- **deploy**: 이미지, 바이너리 패키지, 소프트웨어 개발 키트^{SDK, Software Development Kit} 설치 관리자와 같은 빌드 결과물을 갖고 있다.

- **sysroots-components**: recipes-sysroot 및 recipes-sysroot-native가 포함 돼 있으며, 이를 통해 비트베이크는 각 컴포넌트가 설치된 위치를 알 수 있다. 이는 빌드 중에 레시피별 sysroot를 생성하는 데 사용된다.

- **sysroots-uninative**: 네이티브 유틸리티가 생성될 때 사용되는 glibc(C 라이브러리) 가 포함된다. 이렇게 하면 여러 호스트 배포에서 공유 상태 아티팩트의 재 사용이 개선된다.

- **work**: 작업 중인 소스코드, 작업 환경설정, 실행 로그, 생성된 패키지의 내 용물을 포함한다.

- **work-shared**: 여러 레시피와 소스코드를 공유하는 데 사용되는 작업 디렉 터리다. work-shared는 linux-yocto 및 gcc와 같은 레시피의 하위 집합에 서만 사용된다.

⠿ work 디렉터리

build/tmp/work 디렉터리는 아키텍처에 따라 구성돼 있다. 예를 들어 qemux86-64 머신과 관련된 작업을 한다면 그림 6.2와 같은 4개의 디렉터리를 볼 수 있다.

```
build/tmp/work
├── all-poky-linux
├── core2-64-poky-linux
├── qemux86_64-poky-linux
└── x86_64-linux

4 directories, 0 files
```
그림 6.2 build/tmp/work 디렉터리의 내용

그림 6.2는 x86-64 호스트와 qemux86-64 타깃에 대해 build/tmp/work에서 가능 한 디렉터리의 예를 보여준다. 다음과 같이 아키텍처 및 머신에 따라 다르다.

- **all-poky-linux**: 이 디렉터리에는 아키텍처에 상관없는 패키지의 작업 빌드 디렉터리가 포함돼 있다. 이러한 패키지는 대부분 스크립트 또는 해석된 언어 기반 패키지(예: 펄^{Perl} 스크립트 및 파이썬 스크립트)다.
- **core2-64-poky-linux**: 이 디렉터리에는 core2-64에 맞게 조정된 최적화를 사용해 x86-64 기반 타깃에 공통으로 사용되는 패키지의 작업 빌드 디렉터리가 포함돼 있다.
- **qemux86_64-poky-linux**: 이 디렉터리에는 qemux86-64 머신 전용 패키지에 대한 작업 빌드 디렉터리가 포함돼 있다.
- **x86_64-linux**: 이 디렉터리에는 빌드 호스트 머신에서 실행할 대상 패키지의 작업 빌드 디렉터리가 있다.

하나의 빌드 디렉터리 내에서 여러 머신 및 아키텍처에 대한 시스템 이미지와 패키지를 충돌 없이 빌드하려면 컴포넌트화된 구조가 필요하다. 여기서 사용할 대상 머신은 qemux86-64다.

build/tmp/work 디렉터리는 잘못된 동작이나 빌드 오류를 확인할 때 유용하다. 이 디렉터리의 내용은 다음 패턴에 따라 하위 디렉터리에 구성된다.

```
<architecture> / <recipe name> / <software version>
```

그림 6.3 build/tmp/work 디렉터리의 하위 디렉터리에 사용되는 패턴

그림 6.3에 표시된 트리 아래의 일부 디렉터리는 다음과 같다.

- **⟨sources⟩**: 빌드할 소프트웨어의 소스코드를 추출한 것이다. WORKDIR 변수는 이 디렉터리를 가리킨다.
- **image**: 레시피에 의해 설치된 파일이 포함돼 있다.
- **package**: 출력 패키지의 추출된 결과물이 여기에 저장된다.
- **packages-split**: 추출돼 하위 디렉터리로 분할된 출력 패키지의 결과물은 여기에 저장된다.
- **temp**: 비트베이크 태스크 코드와 실행 로그가 저장된다.

work 디렉터리의 구조는 모든 아키텍처에서 같다. 모든 레시피를 위해 레시피 이름을 가진 디렉터리는 생성된다. 머신 특화된 work 디렉터리를 가진 sysvinit-inittab 레시피를 사용하는 것의 예제를 그림 6.4에서 볼 수 있다.

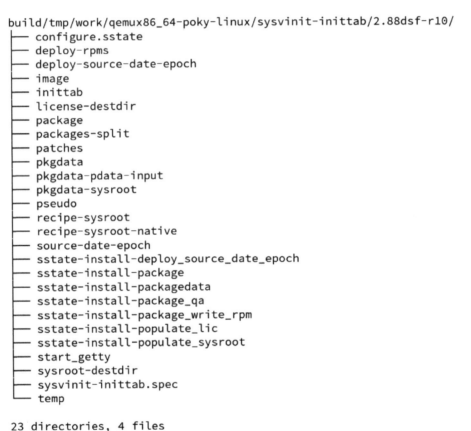

```
build/tmp/work/qemux86_64-poky-linux/sysvinit-inittab/2.88dsf-r10/
├── configure.sstate
├── deploy-rpms
├── deploy-source-date-epoch
├── image
├── inittab
├── license-destdir
├── package
├── packages-split
├── patches
├── pkgdata
├── pkgdata-pdata-input
├── pkgdata-sysroot
├── pseudo
├── recipe-sysroot
├── recipe-sysroot-native
├── source-date-epoch
├── sstate-install-deploy_source_date_epoch
├── sstate-install-package
├── sstate-install-packagedata
├── sstate-install-package_qa
├── sstate-install-package_write_rpm
├── sstate-install-populate_lic
├── sstate-install-populate_sysroot
├── start_getty
├── sysroot-destdir
├── sysvinit-inittab.spec
└── temp

23 directories, 4 files
```

그림 6.4 build/tmp/work/core2-64-poky-linux/pm-utils/1.4.1-r1의 내용

머신에 따라 다르므로 sysvinit-inittab 레시피가 좋은 예다. 이 레시피에는 로그

인 프로세스를 생성하기 위한 직렬 콘솔을 정의하는 inittab 파일이 포함돼 있으며, 이 파일은 머신마다 다르다.

NOTE

> 빌드 시스템은 그림 6.4에 표시된 디렉터리를 사용하지만 여기서는 자세히 설명하지 않는다. 따라서 빌드 도구 개발 작업을 하는 경우를 제외하고는 이 디렉터리로 작업할 필요가 없다.

work 디렉터리는 디버깅 목적으로 편리하게 사용할 수 있으며, 이는 10장에서 다룬다.

⠿ sysroot 디렉터리

sysroot 디렉터리는 Yocto 프로젝트에서 중요한 역할을 한다. 각 레시피에 대해 개별적이고 격리된 환경을 생성한다. 각 레시피에 대해 설정된 이 환경은 재현성을 보장하고 호스트 머신의 패키지로 인한 오염을 방지하는 데 필수적이다.

procps 3.3.17 버전 레시피를 빌드하면 그림 6.4에서 보여주는 것처럼 2개의 sysroot 디렉터리를 볼 수 있는데, recipes-sysroot-native와 recipes-sysroot 이다.

각 sysroot 집합 안에는 sysroot-provides 이라는 하위 디렉터리가 있다. 이 디렉터리에는 각 sysroot에 설치된 패키지가 나열된다. 그림 6.5는 recipe-sysroot 디렉터리다.

```
build/tmp/work/core2-64-poky-linux/procps/3.3.17-r0/recipe-sysroot
├── lib
├── sysroot-providers
│       ├── gcc-runtime
│       ├── glibc
│       ├── libgcc
│       ├── libtool-cross
│       ├── linux-libc-headers
│       ├── ncurses
│       ├── opkg-utils
│       ├── virtual_libc
│       ├── virtual_libiconv
│       └── virtual_x86_64-poky-linux-compilerlibs
└── usr
```

그림 6.5 procps 레시피의 build/tmp/work 하위의 recipes-sysroot 디렉터리 내용

```
buid/tmp/work/core2-64-poky-linux/procps/3.3.17-r0/recipe-sysroot-native/
├── bin
├── etc
├── installeddeps
├── sysroot-providers
│       ├── attr-native
│       ├── autoconf-native
│       ├── automake-native
│       ├── binutils-cross-x86_64
│       ├── bzip2-native
│       ├── bzip2-replacement-native
│       ├── curl-native
│       ├── dwarfsrcfiles-native
│       ├── elfutils-native
│       ├── file-native
│       ├── file-replacement-native
│       ├── flex-native
│       ├── gcc-cross-x86_64
│       ├── gdbm-native
│       ├── gettext-minimal-native
...
│       ├── virtual_librpc-native
│       ├── virtual_make-native
│       ├── virtual_x86_64-poky-linux-binutils
│       ├── virtual_x86_64-poky-linux-g++
│       ├── virtual_x86_64-poky-linux-gcc
│       ├── xz-native
│       ├── zlib-native
│       └── zstd-native
└── usr

16 directories, 272 files
```

그림 6.6 procps 레시피의 build/tmp/work 하위의 recipe-sysroot-native 디렉터리 내용

recipe-sysroot-native 디렉터리에는 빌드 프로세스 중에 호스트 시스템에서 사용
되는 빌드 의존성 있는 컴포넌트가 포함돼 있다. 여기에는 컴파일러, 링커, 도구

등이 포함된다. 동시에 recipe-sysroot 디렉터리에는 타깃 코드에 사용되는 라이브러리와 헤더가 있다. 그림 6.6은 recipe-sysroot-native 디렉터리를 보여준다.

헤더가 누락되거나 링크에 오류가 발생하면 sysroot(타깃 및 호스트) 내용물이 올바른지 다시 확인해야 한다.

ꓽꓽꓽ 정리

6장에서는 이미지 생성 후 임시 빌드 디렉터리의 내용을 살펴봤다. 그리고 비트베이크가 베이킹 과정에서 이 디렉터리를 어떻게 사용하는지 살펴봤다.

7장에서는 포키에서 패키징을 수행하는 방법, 패키지 피드 사용 방법, 패키지 리비전
PR, Package Revision 서비스 및 제품 유지 관리에 도움이 될 수 있는 방법을 자세히 설명한다.

07

패키지 지원 고찰

7장은 포키와 비트베이크를 이해하는 데 가장 중요한 개념인 패키지를 살펴본다. 지원하는 패키지 형식, 셰어드 스테이트 캐시 shared state cache, 패키지의 버전을 결정하는 컴포넌트, 패키지 피드 package feed 설정 및 사용하는 방법을 알아본다.

⁖ 지원하는 패키지 종류

Yocto 프로젝트 관점에서 레시피는 하나 이상의 출력 패키지를 생성할 수 있다. 패키지는 파일과 메타데이터 집합을 나중에 사용할 수 있는 방식으로 래핑한다. 이러한 패키지는 하나 이상의 이미지에 설치하거나 나중에 사용하기 위해 배포할 수 있다.

패키지는 빌드 시스템에서 이미지 및 툴체인과 같은 다양한 유형의 아티팩트를 생성할 수 있게 해주기 때문에 포키에 매우 중요하다.

지원하는 패키지 형식

현재 비트베이크는 다음과 같은 4개의 패키지 형식을 지원한다.

- **레드햇 패키지 관리자**^{RPM, Red Hat Package Manager}: 원래 이름은 레드햇 패키지 관리자였으나 다른 여러 리눅스 배포판에서 채택한 이후 현재는 RPM 패키지 형식으로 알려져 있으며 수세, 오픈 수세, 레드햇, 페도라, 센트 OS와 같은 리눅스 배포판에서 널리 사용되고 있는 형식이다.
- **데비안 패키지 관리자**^{DEB, Debian Package Manager}: 데비안 및 여타 데비안 기반 배포판에서 널리 사용되는 형식이며, 우분투 리눅스와 리눅스 민트가 가장 널리 알려져 있다.
- **잇시 패키지 관리자 시스템**^{IPK, Itsy Package Management System}: 데비안의 패키지 형식과 유사한 임베디드 디바이스용으로 설계된 경량 패키지 관리 시스템이다. IPK 형식을 지원하는 opkg 패키지 관리자는 오픈임베디드 코어, OpenWRT, 포키와 같은 여러 배포판에서 사용된다.
- **Tar**: 여러 개의 파일을 하나의 파일로 그룹화하는 데 널리 사용되는 타르볼 파일 유형인 테이프 아카이브에서 파생됐다.

패키지 형식 선택

패키지 형식에 대한 지원은 package_rpm, package_deb, package_ipk와 같은 클래스에서 지원한다. 다음과 같이 **PACKAGE_CLASSES** 변수로 하나 이상의 형식을 지정할 수 있다.

```
PACKAGE_CLASSES ?= "package_rpm package_deb package_ipk"
```

그림 7.1 패키지 형식을 설정하는 데 사용하는 변수

예를 들어 build/conf/local.conf 파일에서 하나 이상의 패키지 형식을 구성할 수 있다.

포키는 기본적으로 DNF 패키지 관리자를 사용하는 RPM 패키지 형식을 사용한다. 그러나 패키지 형식별 기능, 메모리 및 리소스 사용량과 같은 여러 요인에 따라 형식 선택이 달라진다. 오픈임베디드 코어는 메모리 및 리소스 사용 공간이 더 작기 때문에 기본적으로 IPK 및 opkg를 패키지 관리자로 사용한다.

반면에 데비안 기반 시스템에 익숙한 사용자는 제품에 APT 및 DEB 패키지 형식을 사용하는 것을 선호할 수 있다.

⫶ 패키지 설치 시점의 코드 실행

패키지는 설치와 삭제 과정에서 스크립트를 사용할 수 있다. 사용할 수 있는 스크립트는 다음과 같다.

- **preinst**: 패키지의 압축을 풀기 전에 실행된다. 패키지에 서비스가 있는 경우 설치 또는 업그레이드를 위해 서비스를 중지해야 한다.
- **postinst**: 압축을 풀면 일반적으로 패키지에 필요한 모든 구성이 완료된다. 대부분의 postinst 스크립트는 설치 또는 업그레이드 후 서비스를 시작하거나 재시작하는 데 필요한 모든 명령을 실행한다.
- **prerm**: 일반적으로 패키지와 관련된 파일을 제거하기 전에 패키지와 관련된 모든 데몬을 중지한다.
- **postrm**: 일반적으로 패키지에 의해 생성된 링크 또는 기타 파일을 수정한다.

preinst 및 prerm 스크립트는 패키지 업데이트 시 데이터 마이그레이션과 같은 복잡한 사용 사례를 대상으로 한다. Yocto 프로젝트의 경우 postinst와 postrm은

systemd 또는 sysvinit 서비스를 중지하고 시작하는 역할도 담당한다. systemd 및 update-rc.d 클래스를 사용할 때 기본 스크립트가 제공된다. 특정 케이스를 포함하도록 사용자 정의할 수 있다.

패키지 설치 후 (postinst) 스크립트는 루트 파일 시스템을 생성하는 동안 실행된다. 스크립트가 성공 값을 반환하면 패키지가 설치된 것으로 표시된다. 패키지에 대한 postinst 스크립트를 추가하려면 그림 7.2처럼 사용할 수 있다.

```
1 pkg_postinst:${PN} () {
2 #  Insert commands above
3 }
```

그림 7.2 pkg_postinst 스크립트 예제

때로는 postinst가 타깃 디바이스 자체 내에서 실행되게 해야 할 때도 있다. 이 작업은 다음과 같이 postinst_ontarget 변형을 사용해 수행할 수 있다.

```
1 pkg_postinst_ontarget:${PN} () {
2 #   Insert commands above
3 }
```

그림 7.3 pkg_postinst_ontarget 스크립트 예제

TIP

패키지 이름 자체를 사용하는 대신 레시피의 패키지 이름을 자동으로 확장하는 PN 변수를 사용할 수 있다.

모든 post-installation 스크립트는 IMAGE_FEATURES에 read-only-rootfs가 있는 이미지를 생성할 때 성공해야 한다. 읽기 전용 rootfs에서는 쓰기가 불가능하기 때문에 빌드 시간 중에 검사를 수행해야 한다. 이를 통해 타깃 디바이스에서 초기 부팅 작업 중이 아닌 이미지를 빌드하는 동안 문제를 식별할 수 있다. 타깃 디바이스 내에서 스크립트를 실행해야 하는 요구 사항이 있는 경우 do_rootfs 작업이 실패한다.

> 결국 전체 이미지를 읽기 전용으로 사용하는 것은 옵션이 아니다. 예를 들어 일부 프로젝트에서는 일부 데이터를 유지하거나 일부 애플리케이션이 휘발성 디렉터리에 쓸 수 있게 허용해야 할 수도 있다. 이러한 사용 사례는 이 책의 범위를 벗어난다. 그러나 Yocto 프로젝트 레퍼런스 매뉴얼에서 overlayfs(https://docs.yoctoproject.org/4.0.4/ref-manual/classes.html#overlayfs-bbclass)와 overlayfs-etc(https://docs.yoctoproject.org/4.0.4/ref-manual/classes.html#overlayfs-etc-bbclass) 클래스에 대한 몇 가지 유용한 정보를 찾을 수 있다.

설치 후 스크립트를 작성할 때 흔히 간과하는 것 중 하나는 절대 경로 앞에 D 변수가 없다는 것이다. D에는 두 가지 특성이 있다.

- rootfs 생성 중에 D는 작업 디렉터리의 루트로 설정된다.
- 장치 내부에 D는 비어 있다.

따라서 호스트 환경과 대상 환경 모두에서 경로가 유효하다. 예를 들어 그림 7.4의 코드를 보자.

```
1 pkg_postinst:${PN} () {
2     touch $D${sysconfdir}/my-file.conf
3 }
```

그림 7.4 D 변수를 사용한 간단한 소스코드

그림 7.4의 예제에서 touch 명령은 D 변수를 사용하므로 그 값에 따라 일반적으로 작동한다.

또 다른 일반적인 실수는 타깃 아키텍처에 특정하거나 종속된 프로세스를 실행하려고 시도하는 것이다. 이 경우 가장 쉬운 해결책은 스크립트 실행을 타깃으로 연기하는 것이다(pkg_postinst_ontarget 사용). 그러나 앞서 언급했듯이 이렇게 하면 읽기 전용 파일 시스템을 사용할 수 없다.

⁙ 셰어드 스테이트 캐시

포키의 기본 동작은 비트베이크가 레시피를 다시 빌드할 필요가 없다고 판단하지 않는 한 모든 것을 처음부터 빌드하는 것이다. 모든 것을 처음부터 빌드하는 가장 큰 장점은 결과가 새롭고 이전 데이터로 인해 문제가 발생할 위험이 없다는 것이다. 하지만 모든 것을 다시 빌드하려면 오랜 빌드 시간과 리소스가 필요하다.

레시피를 다시 빌드해야 하는지 여부를 결정하는 전략은 복잡하다. 비트베이크는 빌드 프로세스에 사용된 모든 태스크, 변수, 코드에 대해 가능한 한 많은 정보를 추적하려고 한다. 그런 다음 비트베이크는 다른 태스크의 의존성을 포함해 모든 태스크에서 사용하는 정보에 대한 체크섬을 생성한다. 요약하면 비트베이크는 사용된 변수, 태스크 소스코드, 레시피, 해당 의존성에 대한 의존성을 재귀적으로 추적한다.

포키는 비트베이크에서 제공하는 이 모든 정보를 사용해 해당 작업의 스냅숏을 패키지 데이터 집합으로 저장하고 셰어드 스테이트 캐시(sstate-cache)라는 캐시에 생성한다. 이 캐시는 각 태스크 출력의 결과물을 SSTATE_DIR 디렉터리에 저장된 패키지로 래핑한다. 비트베이크는 태스크 실행을 준비할 때마다 먼저 필요한 계산된 체크섬과 일치하는 sstate-cache 패키지의 존재 여부를 확인한다. 패키지가 존재하면 비트베이크는 미리 빌드된 패키지를 사용한다.

전체 셰어드 스테이트 메커니즘은 상당히 복잡한 코드를 포함하며, 앞에서는 이를 간략히 설명했다. 자세한 설명은 Yocto 프로젝트 개요 및 개념 매뉴얼의 'Shared State Cache' 절(https://docs.yoctoproject.org/4.0.4/overview-manual/concepts.html#shared-state-cache) 을 참고하기 바란다.

여러 빌드에 포키를 사용하는 경우 sstate-cache는 빌드할 때마다 계속 커지기 때문에 때때로 정리해야 한다. 이를 정리하는 간단한 방법이 있다. 포키 디렉터리에서 다음 명령을 사용한다.

```
./scripts/sstate-cache-management.sh --remove-duplicated -d --cache-dir=<path to sstate-cached>
```
그림 7.5 중복된 셰어드 스테이트 캐시를 제거하는 명령

패키지 버전 선택

패키지 버전은 동일한 패키지를 라이프사이클의 여러 단계로 구분하는 데 사용된다. 포키의 관점에서는 비트베이크가 태스크를 다시 빌드해야 하는지 여부를 확인하기 위해 사용하는 체크섬을 생성하는 방정식의 일부로 사용되기도 한다.

PV라고도 하는 패키지 버전은 빌드할 레시피를 선택할 때 가장 중요한 역할을 한다. 5장에서 설명한 것처럼 다른 명시적 기본 설정이 없는 한 항상 최신 레시피 버전을 선호하는 것이 포키의 기본 동작이다. 예를 들어 내 레시피에 2가지 버전이 있다고 가정해보자.

- `myrecipe_1.0.bb`
- `myrecipe_1.1.bb`

비트베이크는 기본적으로 버전 1.1로 레시피를 빌드한다. 레시피 내부에는 PV 변수와 함께 패키지 버전 관리를 구성하는 다른 변수가 있을 수 있다. PE로 알려진 패키지 에포크package epoch와 PR로 알려진 패키지 리비전package revision이 바로 그것이다.

이 변수들의 일반적인 패턴은 그림 7.6과 같다.

$$\${PE}:\${PV}-\${PR}$$

그림 7.6 전체 버전 패턴

PE 변수의 기본값은 0이다. 패키지 버전 스키마가 변경돼 일반적인 순서가 깨질 때 사용된다. 패키지 버전에 PE가 앞에 붙어 필요한 경우 더 높은 숫자를 강제한다.

예를 들어 패키지가 날짜를 사용해 20220101 같은 PV 변수를 구성하고 1.0 버전을 릴리스하기 위한 버전 스키마 변경이 있다고 가정해보자. 버전 1.0이 버전 20220101 보다 상위 버전인지 확인할 수 없다. 따라서 1:1.0이 0:20220101보다 크기 때문에 PE = "1"을 사용해 레시피 에포크를 변경해 버전 1.0이 20220101보다 상위 버전이 되도록 강제한다.

PR 변수의 기본값은 r0이며 패키지 버전 관리의 일부다. 이 변수가 업데이트되면 비트베이크가 특정 레시피의 모든 작업을 강제로 다시 빌드한다. 레시피 메타데이터에서 수동으로 업데이트해 필요한 경우 강제로 재빌드할 수 있다. 하지만 개발자의 상호작용과 지식에 의존하기 때문에 취약하다. 비트베이크는 태스크 체크섬을 사용해 리빌드해야 하는 항목을 제어한다. 수동 PR 증분은 태스크 체크섬이 변경되지 않는 드문 경우에만 사용된다.

∷ 런타임 패키지 의존성

대부분의 레시피 결과는 패키지 관리자가 관리하는 패키지다. 앞 절에서 살펴본 것처럼 모든 패키지와 패키지가 어떻게 연관돼 있는지에 대한 정보가 필요하다. 예를 들어 한 패키지가 다른 패키지에 종속되거나 충돌할 수 있다.

제약 조건은 여러 패키지 관계 내에 존재하지만 이러한 제약 조건은 패키지 형식에 따라 다르므로 비트베이크에는 이러한 제약 조건을 추상화할 수 있는 특정 메타데이터가 있다.

다음은 가장 많이 사용되는 패키지 런타임 제약 조건의 목록이다.

- **RDEPENDS**: 패키지 목록은 이를 정의하는 패키지와 함께 런타임에 사용할 수 있어야 한다.

- **RPROVIDES**: 패키지가 제공하는 심볼릭 이름 목록이다. 기본적으로 패키지는 항상 패키지 이름을 심볼릭 이름으로 포함한다. 해당 패키지가 제공하는 대체 심볼 이름을 포함할 수도 있다.
- **RCONFLICTS**: 패키지와 충돌하는 것으로 알려진 패키지 목록이다. 최종 이미지에는 충돌하는 패키지가 포함돼서는 안 된다.
- **RREPLACES**: 패키지가 대체할 수 있는 심볼릭 이름 목록이다.

그림 7.7은 `meta/recipes-devtools/python/python3-dbus_1.2.18.bb` 전체 레시피다.

```
 1 SUMMARY = "Python bindings for the DBus inter-process communication system"
 2 SECTION = "devel/python"
 3 HOMEPAGE = "http://www.freedesktop.org/Software/dbus"
 4 LICENSE = "MIT"
 5 LIC_FILES_CHKSUM = "file://COPYING;md5=b03240518994df6d8c974675675e5ca4"
 6 DEPENDS = "expat dbus glib-2.0 virtual/libintl"
 7
 8 SRC_URI = "http://dbus.freedesktop.org/releases/dbus-python/dbus-python-${PV}.tar.gz"
 9
10 SRC_URI[sha256sum] = "92bdd1e68b45596c833307a5ff4b217ee6929a1502f5341bae28fd120acf7260"
11
12 S = "${WORKDIR}/dbus-python-${PV}"
13
14 inherit setuptools3-base autotools pkgconfig
15
16 # documentation needs python3-sphinx, which is not in oe-core or meta-python for now
17 # change to use PACKAGECONFIG when python3-sphinx is added to oe-core
18 EXTRA_OECONF += "--disable-documentation"
19
20
21 RDEPENDS:${PN} = "python3-io python3-logging python3-stringold python3-threading \
22                   python3-xml"
23
24 FILES:${PN}-dev += "${libdir}/pkgconfig"
25
26 BBCLASSEXTEND = "native nativesdk"
27
```

그림 7.7 RDEPENDS를 사용하는 예제

그림 7.7의 레시피는 **python3-dbus** 패키지의 21번 줄에 정의된 것처럼 여러 파이썬 모듈에 대한 런타임 의존성 목록을 갖고 있음을 보여준다.

⁞ rootfs 이미지 생성을 위한 패키지 사용

포키의 가장 일반적인 용도 중 하나는 rootfs 이미지를 생성하는 것이다. rootfs 이미지는 타깃에 바로 사용할 수 있는 루트 파일 시스템으로 간주한다. 이미지는 하나 이상의 파일 시스템으로 구성될 수 있다. 이미지 생성 시 리눅스 커널, 디바이스 트리, 부트로더 바이너리와 같은 다른 아티팩트가 포함될 수 있다. 이미지 생성 프로세스는 여러 단계로 구성된다. 가장 일반적인 단계는 다음과 같다.

1. rootfs 디렉터리 생성
2. 필요한 파일 생성
3. 특정 요구 사항에 따라 최종 파일 시스템을 래핑(여러 파티션과 내용이 있는 디스크 파일일 수 있음)
4. 마지막으로, 해당되는 경우 압축

do_rootfs의 하위 작업은 이 모든 단계를 수행한다. rootfs는 원하는 패키지가 설치된 디렉터리로, 나중에 필요한 조정 작업을 한다. 예를 들어 개발 이미지를 빌드할 때 비밀번호 없이 루트로 로그인할 수 있도록 rootfs를 조정하는 등 rootfs의 내용을 약간 조정한다.

rootfs에 설치할 패키지 목록은 IMAGE_INSTALL에 나열된 패키지와 IMAGE_ FEATURES에 포함된 패키지의 조합으로 정의되며, 이미지 사용자 정의는 12장에서 자세히 설명한다. 각 이미지 기능에는 설치할 추가 패키지가 포함될 수 있다(예: dev-pkgs는 rootfs에 나열된 모든 패키지의 개발 라이브러리 및 헤더를 설치한다).

이제 설치할 패키지 목록은 설치해서는 안 되는 패키지를 나열하는 PACKAGE_ EXCLUDE 변수에 의해 필터링된다. PACKAGE_EXCLUDE에 나열된 패키지는 명시적으로 설치할 패키지 목록에서만 제외된다.

설치할 최종 패키지 세트가 완료되면 do_rootfs 태스크는 각 패키지와 필요한 의존성을 rootfs 디렉터리에 압축을 풀고 설정하는 프로세스를 시작할 수 있다. rootfs 생성은 다음 절에서 다룰 로컬 패키지 피드를 사용한다.

rootfs 내용의 압축을 푼 상태에서 참조된 패키지의 비타깃[non-target] 설치 후 (post install) 스크립트를 실행해야 첫 부팅 시 실행에 따른 불이익을 피할 수 있다.

이제 디렉터리에 파일 시스템을 생성할 준비가 됐다. IMAGE_FSTYPES에는 생성할 파일 시스템이 나열된다(예: EXT4 또는 UBIFS).

do_rootfs 작업이 완료되면 생성된 이미지 파일은 build/tmp/deploy/image/ <machine>/에 배치된다. 이미지를 생성하는 과정과 IMAGE_FEATURES 및 IMAGE_FSTYPES가 지원하는 값은 12장에서 설명한다.

⠿ 패키지 피드

5장에서 설명한 것처럼 패키지는 이미지와 SDK가 패키지에 의존하기 때문에 중요한 역할을 한다. 실제로 do_rootfs는 이러한 아티팩트를 생성할 때 로컬 저장소를 사용해 바이너리 패키지를 가져온다. 이 저장소를 패키지 피드라고 한다.

이 저장소를 이미지나 SDK 빌드 단계에만 사용해야 할 이유는 없다. 개발 환경 내부에서 또는 공개적으로 이 저장소에 원격으로 액세스할 수 있게 하는 데에는 몇 가지 타당한 이유가 있다. 이러한 이유는 다음과 같다.

- 시스템을 완전히 재설치할 필요 없이 개발 단계에서 업데이트된 애플리케이션을 쉽게 테스트할 수 있다.
- 추가 패키지를 좀 더 유연하게 만들어 실행 중인 이미지에 설치할 수 있다.
- 필드에서 제품을 업데이트할 수 있다.

견고한 패키지 피드를 생성하려면 패키지가 변경될 때마다 패키지 리비전이 일관되게 증가하도록 해야 한다. 이 작업을 수동으로 수행하는 것은 거의 불가능하며, Yocto 프로젝트에는 이를 돕기 위해 특별히 설계된 PR 서비스가 있다.

비트베이크의 일부인 PR 서비스는 비트베이크가 태스크에서 체크섬 변경을 감지할 때마다 사람의 개입 없이 PR을 증가시키는 데 사용된다. PR에 접미사가 ${PR}.X 형식으로 삽입된다. 예를 들어 PR 서비스 상호작용 후 PR = "r34"인 경우 이후 PR 값은 r34.1, r34.2, r34.3 등이 된다. 버전이 선형적으로 증가해야 하므로 견고한 패키지 피드에서는 PR 서비스 사용이 매우 중요하다.

TIP

> 견고한 패키지 버전 관리를 위해 PR 서비스를 사용해야 하지만 예외적인 경우에는 수동으로 PR을 설정해야 할 필요성을 배제하지 않는다.

기본적으로 PR 서비스는 활성화되거나 실행되지 않는다. 그림 7.8과 같이 비트베이크 설정(예: build/conf/local.conf)에서 **PRSERV_HOST** 변수를 추가해 로컬에서 실행되도록 설정할 수 있다.

```
PRSERV_HOST = "localhost:0"
```

그림 7.8 로컬에서 실행하기 위해 PR 서비스를 설정하는 방법

빌드가 하나의 컴퓨터에서 이뤄질 때에는 패키지 피드의 모든 패키지를 빌드하기에 이 방법으로 충분하다. 비트베이크는 매 빌드마다 서버를 켰다 끄며 PR 값을 자동으로 증가시킨다.

여러 컴퓨터가 공통의 패키지 피드를 갖고 작업하는 더 복잡한 경우에는 패키지 피드에 관련된 하나의 PR 서비스를 모든 빌드 머신이 이용하도록 설정해야 한다. 이 경우에는 다음과 같이 PR 서비스를 bitbake-prserv 명령으로 실행한다.

```
bitbake-prserv --host <ip> --port <port> --start
```

그림 7.9 PR 서비스 서버를 초기화하는 명령

서버를 시작시키는 것 외에도 모든 빌드 서버의 비트베이크 환경설정 파일(예: build/confi/local.conf)의 **PRSERV_HOST** 변수에 서버의 IP와 포트 번호를 적어 서버를 사용하게 해야 한다.

패키지 피드 사용

패키지 피드를 사용하려면 다음 2가지가 적용돼야 한다.

- 서버는 패키지에 대한 접근을 제공한다.
- 클라이언트는 서버에 접근해서 필요한 패키지를 다운로드한다.

패키지 피드에서 제공하는 패키지 집합은 빌드하는 레시피에 따라 결정된다. 하나 이상의 레시피를 빌드해 제공하거나 이미지 집합을 빌드해 원하는 패키지를 생성할 수 있다. 제공되는 패키지가 만족스러우면 패키지 피드에서 제공하는 패키지 색인을 만들어야 한다. 다음 명령으로 이 작업을 수행한다.

```
bitbake package-index
```

그림 7.10 패키지 색인을 생성하는 명령

패키지는 build/tmp/deploy 디렉터리에 있는 것을 사용한다. 선택한 패키지 형식에 따라 각 하위 디렉터리를 선택한다. 기본적으로 포키는 RPM을 사용하기 때문에 build/tmp/deploy/rpm 디렉터리의 패키지를 사용한다.

TIP

> 모든 패키지를 빌드한 후 bitbake package-index를 실행해야 한다. 그렇지 않으면 패키지 색인에 포함되지 않는다.

패키지 색인과 패키지는 HTTP와 같은 전송 프로토콜을 통해 사용할 수 있어야 하며, 이 작업에는 아파치, Nginx, Lighttpd 등 원하는 모든 웹 서버를 사용할 수 있다. 로컬 개발을 위해 HTTP를 통해 패키지를 사용할 수 있게 하는 간편한 방법은 다음과 같이 파이썬 Simple HTTP 서버를 사용하는 것이다.

```
cd build/tmp/deploy/rpm
python3 -m http.server 5678
```

그림 7.11 파이썬 simple HTTP 서버를 사용해 패키지 피드를 제공하는 방법

패키지 관리자를 이미지에 추가하려면 약간의 작업이 필요하다. EXTRA_IMAGE_ FEATURE 변수에 package-management를 추가하고 PACKAGE_FEED_URIS 변수에 패키지를 다운로드하도록 URI를 설정한다. build/conf/local.conf에 다음을 추가한다.

```
PACKAGE_FEED_URIS = "http://my-ip-address:5678"
EXTRA_IMAGE_FEATURES += "package-management"
```

그림 7.12 원격 패키지 피드를 설정하는 방법

IMAGE_FEATURES와 EXTRA_IMAGE_FEATURES 변수는 12장에서 자세히 설명한다. 패키지 관리자 지원 없이 작은 이미지를 빌드하려면 EXTRA_IMAGE_FEATURES 변수에 package-management를 생략해야 한다.

PACKAGE_FEED_URIS 및 EXTRA_IMAGE_FEATURES 설정은 클라이언트 측 이미지가 서버에 액세스할 수 있고 해당 패키지를 설치, 제거, 업그레이드하는 데 필요한 유틸리티를 갖도록 보장한다. 이 단계가 끝나면 타깃 디바이스에서 런타임 패키지 관리를 사용할 수 있다.

예를 들어 이미지를 위해 RPM 형식을 선택했다면 저장소의 정보를 다음 명령으로 알 수 있다.

```
dnf check-update
```

그림 7.13 패키지 피드 저장소를 다운로드하는 명령

패키지를 찾고 설치하려면 dnf search <package>와 dnf install <package> 명령을 사용한다.

선택한 패키지 형식에 따라 타깃에서 패키지 인덱스, 검색, 설치하는 명령이 다르다. 다음 표에서 각 패키지 형식에 따른 사용 가능한 명령을 볼 수 있다.

표 7.1 패키지 관련 명령 비교

패키지 형식	RPM	IPK	DEB
패키지 인덱스 업데이트	dnf check-updates	opkg update	apt-get update
패키지 검색	dnf search <package>	opkg search <package>	apt-cache search <package>
패키지 설치	dnf install <package>	opkg install <package>	apt-get install <package>
시스템 업그레이드	dnf upgrade	opkg upgrade	apt-get dist-upgrade

패키지 피드를 사용하면 이미 배포된 이미지에 패키지를 설치할 수 있으므로 로컬 개발 단계에서 사용하기에 좋다.

NOTE

> 필드에서 시스템 업그레이드를 위해 패키지 피드를 사용하려면 시스템이 고장 난 상태가 되지 않도록 보장하기 위해 엄청난 테스트 노력이 필요하다. 다양한 업그레이드 시나리오를 모두 검증하려면 엄청난 테스트 노력이 필요하다. 일반적으로 전체 이미지 업그레이드는 제품 환경에서 사용하기에 더 안전하다.

패키지 피드 관리는 훨씬 더 복잡하다. 패키지 의존성 체인 및 다양한 업그레이드 시나리오와 같은 몇 가지 다른 측면이 포함된다. 복잡한 패키지 피드 외부 서버를 만드는 것은 이 책의 범위를 벗어나는 것이므로 자세한 내용은 Yocto 프로젝트 문서를 참고하기 바란다.

정리

7장에서는 포키와 비트베이크의 중요한 역할인 패키징하는 방법, 패키지 버전을 적용하는 방법, 이 버전이 패키지를 재빌드하는 데 미치는 역할 및 패키지 피드에 대해 알아봤다. 원격 서버에서 제공되는 패키지들을 이용해 이미지를 업그레이드하는 방법도 살펴봤다.

8장에서는 비트베이크 메타데이터 문법과 **append, prepend, remove** 명령, 변수 확장 등에 대해 알아본다. 그 이후에는 Yocto 프로젝트의 엔진에 사용되는 언어를 이해할 수 있게 될 것이다.

08

비트베이크 메타데이터

지금까지 포키의 기본적인 사용을 위해 알아야 하는 이미지와 패키지를 만드는 방법과 패키지 피드를 사용하는 방법을 알아봤다. 이제부터는 포키의 동작을 제어하고 전체적으로 Yocto 프로젝트에서 얻는 이득을 극대화하는 방법을 알아본다.

8장에서는 비트베이크 메타데이터 문법을 자세히 알아본다. 변수, 변수 확장 등을 살펴보고 내용을 수정하기 위해 append, prepend, remove 문법을 알아본다. 이것들은 9장에서 알아볼 사용자 레시피를 만들기 위해 사용하는 핵심 개념이다.

⠿ 비트베이크의 메타데이터

비트베이크가 사용하는 메타데이터의 양은 방대하다. 따라서 포키를 최대한 활용하려면 이를 숙지해야 한다. 4장에서 알아본 것처럼 메타데이터는 3가지 주요 영역을 다룬다.

- **설정(.conf 파일):** 설정 파일은 클래스 및 레시피의 동작 방식을 구성하는

전역 정보를 정의한다.

- **클래스(.bbclass 파일):** 클래스를 상속하면 유지 관리가 쉬워지고 코드 재사용을 촉진하고 코드 중복을 방지할 수 있다.

- **레시피(.bb 또는 .bbappend 파일):** 레시피는 실행할 태스크를 명시하고 비트베이크가 필요한 태스크 체인을 생성하는 데 필요한 정보를 제공한다. 레시피에 대한 변수와 태스크를 정의하기 때문에 가장 일반적으로 사용되는 메타데이터다. 가장 일반적인 유형의 레시피는 패키지와 이미지를 생성한다.

클래스와 레시피는 파이썬과 셸 스크립트 코드를 혼합해 사용하며, 이 코드는 비트베이크에 의해 파싱돼 파싱 후에도 실행돼야 하는 수많은 태스크를 생성한다.

또한 레시피를 구축하는 데 필요한 연산자와 필수 개념도 알아본다.

메타데이터 작업

비트베이크 메타데이터에서 사용하는 구문은 오해의 소지가 있고 때로는 추적하기 어려울 수 있다. 하지만 다음과 같이 비트베이크 옵션(-e 또는 --environment)을 사용하면 비트베이크로 생성되고 사전 처리된 레시피 데이터의 각 변수 값을 확인할 수 있다.

```
bitbake -e <recipe> | grep <variable>
```

그림 8.1 비트베이크 환경 변수를 확인하는 방법

비트베이크의 동작 방식을 이해하려면 비트베이크 사용 매뉴얼(https://docs.yoctoproject.org/bitbake/2.0)을 참고하자. 다음 절에서는 레시피에서 일반적으로 사용되는 대부분의 구문을 보여준다.

기본 변수 할당

변수 할당은 다음처럼 할 수 있다.

```
1 FOO = "bar"
```
그림 8.2 변수 할당 예제

앞의 예시에서는 FOO 변수 값이 bar에 할당됐다. 대부분의 예제에서 변수를 사용하기 때문에 변수 설정은 비트베이크 메타데이터 구문의 핵심이다.

변수 확장

비트베이크는 변수 참조를 지원한다. 문법은 다음과 같이 거의 셸 스크립트와 비슷하다.

```
1 A = "aValue"
2 B = "before-${A}-after"
```
그림 8.3 변수 확장 예제

앞의 예제에서는 A의 값이 aValue이고 B는 before-aValue-after가 된다. 명심해야 할 중요한 점은, 변수는 여기에 표시된 것처럼 사용될 때만 확장된다는 것이다.

```
1 A = "aOriginalValue"
2 B = "before-${A}-after"
3 A = "aNewValue"
```
그림 8.4 변수는 사용될 때만 확장된다.

그림 8.4의 예는 비트베이크 결괏값이 나중에 적용되는 것을 보여준다. B 변수 값은 태스크가 변수 값을 필요할 때까지 before-${A}-after다. 3번 줄에서 보는 것처럼 A 변수는 aNewValue가 된다. 결국 B는 before-aNewValue-after가 된다.

변수가 할당되지 않은 경우 ?=를 사용해 값 할당

변수가 아직 할당되지 않은 경우에만 변수를 할당해야 하는 경우 ?= 연산자를 사용할 수 있다. 다음 코드는 그 사용법을 보여준다.

```
1 A ?= "value"
```
그림 8.5 기본값 설정 예제

하나의 변수에 여러 개의 ?= 할당이 있는 경우에도 동일한 동작이 발생한다. 처음 사용하는 ?= 연산자는 변수를 할당할 책임이 있다. 다음 예제를 살펴보자.

```
1 A ?= "value"
2 A ?= "ignoredAsAlreadyAssigned"
```
그림 8.6 두 번째 할당이 무시되는 예제

A 변수에는 2번 줄에 있는 `ignoredAlreadyAssigned`가 할당되기 전에 1번 줄에 있는 값이 할당된다.

= 연산자는 다음과 같이 이전 변수 상태와 독립적으로 값을 할당하기 때문에 ?= 연산자보다 더 강력하다는 점을 고려해야 한다.

```
1 A ?= "initialValue"
2 A  = "changeValue"
```
그림 8.7 ?= 연산자가 = 연산자보다 약하다는 것을 보여주는 예제

그러므로 A 변수에는 `changeValue`가 할당된다.

??=를 사용한 기본값 할당

= 연산자를 사용하는 것은 변수의 기본값을 제공하기 위한 것으로, ?= 연산자보다 약한 버전이다.

다음 코드를 확인해보자.

```
1 A ??= "firstValue"
2 A ??= "secondValue"
```
그림 8.8 기본값이 할당되는 방법을 보여주는 예제

1번 줄에서 A 기본값으로 firstValue가 할당되고, 2번 줄에서 A 기본값이 secondValue

로 변경된다. A 변수에 다른 값 할당이 이뤄지지 않으므로 최종 값은 secondValue 가 된다.

?=는 앞에서 본 것처럼 할당 연산자이며 다음 예제에서 볼 수 있듯이 ??= 연산자보다 우선한다.

```
1 A ??= "firstValue"
2 A ??= "secondValue"
3 A  ?= "thirdValue"
4 A ??= "fourthValue"
```

그림 8.9 ?= 연산자보다 약한 ??= 연산자 예제

3번 줄까지 아무런 할당이 없으므로 A 변수의 최종 값은 thirdValue다.

즉시 변수 적용

:= 연산자는 변수가 강제적으로 바로 적용돼야 할 때 사용한다. 다음과 같이 변수를 사용할 때가 아니라 변수의 내용이 즉시 확장된다.

```
1 A  = "aValue"
2 B := "${A}-after"
3 A  = "newValue"
4 C  = "${A}"
```

그림 8.10 즉시 변수 적용 예제

B의 값은 2번 줄에서 바로 할당되고 값은 aValue-after다. 그러나 C의 값은 3번 줄에서 A 값이 설정됐으므로 사용한 다음 newValue로 설정할 때만 할당된다.

목록 앞/뒤 추가

목록 추가라고 하는 += 연산자는 그림 8.11에 표시된 것처럼 공백으로 구분된 원래 값 뒤에 새 값을 추가한다.

```
1 A  = "originalValue"
2 A += "appendedValue"
```
그림 8.11 목록 뒤에 값을 추가한 예제

이 예제에서 A의 최종 값은 originalValue appendedValue가 된다.

목록 앞에 붙이는 것으로 알려진 =+ 연산자는 그림 8.12와 같이 공백으로 구분된 새 값을 원래 값 앞에 추가한다.

```
1 A =  "originalValue"
2 A =+ "prependedValue"
```
그림 8.12 목록 앞에 값을 추가하는 예제

이 예제에서 A의 최종 값은 prependedValue originalValue가 된다.

문자열 앞/뒤 추가

문자열 추가라고 하는 .= 연산자는 그림 8.13에 표시된 것처럼 추가 공백 없이 원래 값 뒤에 새 값을 추가한다.

```
1 A  = "originalValue"
2 A .= "AppendedValue"
```
그림 8.13 문자열 뒤에 값을 추가하는 예제

이 예제에서 A의 최종 값은 originalValueAppendedValue가 된다.

문자열 앞에 붙이는 것으로 알려진 =. 연산자는 그림 8.14에 표시된 것처럼 추가 공백 없이 원래 값 앞에 새 값을 추가한다.

```
1 A =  "OriginalValue"
2 A =. "prependedValue"
```
그림 8.14 문자열 앞에 값을 추가하는 예제

이 예제에서 A의 최종 값은 PrependedValueOriginalValue가 된다.

:append와 :prepend 연산자

그림 8.15에 표시된 것처럼 :append 연산자는 추가 공백 없이 원본 뒤에 새 값을 추가한다.

```
1 A = "originalValue"
2 A:append = "AppendedValue"
```
그림 8.15 :append 연산자를 사용하는 예제

이 예제에서 A의 최종 값은 originalValueAppendedValue가 된다.

그림 8.16에 표시된 것처럼 :prepend 연산자는 추가 공백 없이 원본 앞에 새 값을 추가한다.

```
1 A = "OriginalValue"
2 A:prepend = "prependedValue"
```
그림 8.16 :prepend 연산자를 사용하는 예제

이 예제에서 A의 최종 값은 prependedValueOriginalValue가 된다.

:append 및 :prepend 연산자가 문자열 더하기(.=) 및 앞에 붙이기(=.) 연산자와 비슷하다는 것을 눈치 챘을 것이다. 하지만 그림 8.17에 표시된 것처럼 :append 및 :prepend 연산자와 문자열 추가 및 문자열 앞에 추가 연산자가 파싱되는 방식에는 미묘한 차이가 있다.

```
1 A:append = "AppendedValue"
2 A  = "value"
3 B .= "AppendedValue"
4 B  = "value"
```
그림 8.17 :append와 .= 연산자의 다른 점

:append 연산자를 사용하면 2번 줄에서 할당 후에 실행을 위해 연산을 대기열에 추가해 A는 valueAppendedValue가 된다. .= 연산자는 즉각적이므로 4번 줄의 할당은 3번 줄에 설정된 값을 대체해 B는 value가 된다.

목록 항목 제거

:remove 연산자는 원래 내용에서 목록 항목을 삭제한다. 예를 들어 그림 8.18을 참고하자.

```
1 A = "value1 value2 value3"
2 A:remove = "value2"
```

그림 8.18 :remove 연산자 사용 예제

이 예에서 A는 value1 value3이 된다. :remove 연산자는 변수 값을 공백으로 구분된 문자열 목록으로 간주하므로 연산자가 목록에서 하나 이상의 항목을 제거할 수 있다. :remove 연산자가 실행될 때 모든 앞/뒤 추가 연산은 이미 완료된 상태다.

조건을 가진 메타데이터 설정

비트베이크는 오버라이드^overrides라는 메커니즘을 통해 조건부 메타데이터를 작성하는 매우 사용하기 쉬운 방법을 제공한다.

OVERRIDES 변수에는 콜론(:)으로 구분되고 왼쪽에서 오른쪽으로 평가되는 값이 포함된다. 각 값은 조건부 메타데이터를 포함하려는 항목이다.

그림 8.19의 예제를 보자.

```
1 OVERRIDES = "linux:arm:mymachine"
```

그림 8.19 OVERRIDES 변수 예제

linux 오버라이드는 arm과 mymachine보다 덜 구체적이다. 그림 8.20의 예제는 오버라이드를 사용해 A 변수를 조건부로 설정하는 방법을 보여준다.

```
1 OVERRIDES = "linux:arm:mymachine"
2 A = "value"
3 A:linux = "linuxSpecificValue"
4 A:other = "otherConditionalValue"
```

그림 8.20 OVERRIDES 조건 설정을 사용하는 예제

이 예제에서 linux 조건이 OVERRIDES에 있기 때문에 A는 linuxSpecificValue가 된다.

조건적 추가

비트베이크는 다음과 같이 OVERRIDES에 있는 어떤 값을 기반으로 변수의 앞뒤에 추가하는 것도 그림 8.21의 예제처럼 지원한다.

```
1 OVERRIDES = "linux:arm:mymachine"
2 A = "value"
3 A:append:arm = " armValue"
4 A:append:other = " otherValue"
```

그림 8.21 OVERRIDES 조건적 추가 사용 예제

앞의 예제에서 A 값은 value armValue가 된다.

파일 포함

비트베이크는 파일을 포함하기 위한 두 가지 방법(include와 require)을 제공한다.

include 키워드를 사용하면 비트베이크가 키워드 위치에 파일을 삽입하려고 시도하므로 이 키워드는 선택 사항이다. include 줄에 지정된 경로가 상대 경로라고 가정하면 비트베이크는 BBPATH 내에서 찾을 수 있는 첫 번째 인스턴스를 찾는다. 반면 require 키워드는 필요한 파일을 찾을 수 없는 경우 ParseError를 발생시킨다.

TIP

> Yocto 프로젝트에서 일반적으로 채택하는 규칙은 2개 이상의 레시피 파일 간에 공통 코드를 공유하기 위해 .inc 파일 형식을 사용하는 것이다.

파이썬 변수 설정

비트베이크는 다음 문법을 사용해 변수 설정 시 쉽게 파이썬 코드를 사용한다.

```
1 A = "${@<python-command>}"
```
그림 8.22 파이썬 사용 문법 예제

이는 사용자에게 엄청난 유연성을 제공한다. 그림 8.23의 예제에서 파이썬 함수를 호출하는 방법을 볼 수 있다.

```
1 A = "${@time.strftime('%Y%m%d', time.gmtime())}"
```
그림 8.23 현재 날짜를 출력하는 파이썬 명령 예제

A 변수의 값에는 오늘의 날짜가 포함된다.

실행 가능한 메타데이터 정의

메타데이터 레시피(.bb)와 클래스(.bbclass) 파일들은 그림 8.24와 같이 셸 스크립트를 이용해 만들 수 있다.

```
1 do_mytask () {
2     echo "Hello, world!"
3 }
```
그림 8.24 태스크 정의 예제

태스크 정의는 변수 설정과 동일하지만 이 변수가 실행 가능한 셸 스크립트 코드라는 점이 다르다. 태스크 코드를 작성할 때 태스크는 POSIX 호환 기능에만 의존할 수 있으므로 Bash 또는 Zsh 셸에 특화된 기능을 사용해서는 안 된다. 확실하지 않은 경우 코드가 안전한지 테스트하는 가장 좋은 방법은 Dash 셸을 사용해 시도해보는 것이다.

코드를 삽입하는 또 다른 방법은 그림 8.25와 같이 파이썬 코드를 사용하는 것이다.

```
1 python do_printdate () {
2     import time
3     print(time.strftime('%Y%m%d', time.gmtime()))
4 }
```
그림 8.25 파이썬 태스크 정의 예제

태스크 정의는 비슷하지만 태스크를 파이썬으로 변환해 비트베이크가 그에 따라 실행하는 방법을 알 수 있게 한다.

전역 네임스페이스에서 파이썬 함수 정의

변수나 다른 용도의 값을 생성해야 하는 경우 그림 8.26과 유사한 코드를 사용해 레시피(.bb) 및 클래스(.bbclass)에서 빠르게 수행할 수 있다.

```
1 def get_depends(d):
2     if d.getVar('SOMECONDITION'):
3         return "dependencyWithCondition"
4
5     return "dependency"
6
7 SOMECONDITION = "1"
8 DEPENDS = "${@get_depends(d)}"
```

그림 8.26 파이썬 코드에서 변수 값을 다루는 코드 예제

일반적으로 파이썬 함수를 작성할 때 비트베이크 데이터 저장소에 접근해야 한다. 따라서 모든 메타데이터의 규칙은 d라는 인수를 사용해 비트베이크의 데이터 저장소를 가리키는 것이다. 일반적으로 함수의 마지막 매개변수에 위치한다.

그림 8.26에서는 데이터 저장소에서 2번 줄의 SOMECONDITION 변수 값을 요청하고 그에 따라 값을 반환한다.

이 예제에서는 dependencyWithConditon을 포함하는 DEPENDS 변수의 값이 생성된다.

상속 시스템

inherit 지시어는 레시피(.bb)가 객체지향 프로그래밍 언어와 같은 기초적인 상속 메커니즘을 제공하는 기능 클래스를 지정한다. 예를 들어 Autoconf 및 Automake 빌드 도구 사용과 관련된 작업을 추상화해 레시피에서 재사용할 수 있도록 클래스

에 넣을 수 있다. 주어진 .bbclass는 **BBPATH**에서 classes/filename.bbclass를 검색하면 찾을 수 있다. 따라서 Autoconf 또는 Automake를 사용하는 레시피에서 다음을 사용할 수 있다.

```
1 inherit autotools
```

그림 8.27 클래스를 상속하는 예제

그림 8.27의 1번 줄은 비트베이크가 대부분의 Autoconf 또는 Automake 기반 프로젝트에 잘 작동하는 기본 태스크를 제공하는 **inherit autotools.bbclass**를 사용하도록 지시한다.

⠿ 정리

8장에서는 비트베이크 메타데이터 구문, 변수 내용을 조작하는 연산자, 변수 확장에 대해 자세히 알아보고 몇 가지 사용 예제를 살펴봤다.

9장에서는 포키를 사용해 외부 컴파일 도구를 만들고 타깃 개발에 적합한 루트파일 시스템을 생성하는 방법을 알아본다.

09

Yocto 프로젝트를 이용한 개발

이 책에서는 지금까지 포키를 빌드 도구로 사용했다. 즉, 제품에 전달할 이미지를 디자인하고 생성하는 도구로 사용했다.

9장에서는 타깃 내부에서 사용할 개발 환경을 설정하는 방법과 타깃 외부에서 애플리케이션을 개발하는 데 도움이 될 수 있는 표준 소프트웨어 개발 키트^{SDK, Software Development Kit} 및 확장 가능한 SDK 도구를 살펴본다. 예를 들어 이러한 도구를 사용하면 애플리케이션, 레시피 및 이미지를 크로스컴파일할 수 있다.

SDK

임베디드 개발에서 툴체인은 보통 크로스 툴체인을 많이 쓰는데, 이는 하나의 아키텍처에서 실행돼 다른 아키텍처에서 사용되는 바이너리를 만드는 도구다. 예를 들어 x86-64 호환 머신에서 실행되고 ARM 머신용 바이너리를 생성하는 GCC 도구는 크로스컴파일러다. 동일한 호스트에서 빌드와 결과 바이너리 도구가 실행되는 의존성이 있는 경우 이를 일반적으로 네이티브 빌드라고 한다. 빌드 및 타깃 아키텍처는 동일할 수 있지만 타깃 바이너리가 단계적 루트 파일 시스템을 사용해 의존성을 찾는 경우 크로스컴파일이라고 한다.

SDK는 애플리케이션을 개발하고 디버깅하기 위한 도구와 파일의 집합이다. 이러한 도구에는 컴파일러, 링커, 디버거, 외부 라이브러리, 헤더, 바이너리가 포함되며 툴체인이라고도 한다. 또한 추가 유틸리티와 애플리케이션이 포함될 수도 있다. SDK에는 2가지 유형이 있다.

- **크로스 개발 SDK**: 개발 호스트에서 타깃에 대한 바이너리를 생성하는 데 사용된다.
- **네이티브 SDK**: 타깃 장치에서 실행하는 것을 목적으로 한다.

⸭ 온디바이스 개발을 위한 네이티브 SDK 생성

일부 임베디드 장치는 개발 환경으로 사용할 수 있을 만큼 강력하다. 그러나 빌드에 필요한 리소스는 라이브러리 또는 애플리케이션마다 크게 다르므로 타깃을 빌드 환경으로 사용하는 것이 항상 실행 가능한 것은 아니다. 개발 이미지에는 다음이 필요하다.

- 헤더 파일과 라이브러리
- 툴체인

그림 9.1의 라인은 이미지에 이것들을 추가할 수 있게 한다.

```
1 IMAGE_FEATURES += "dev-pkgs tools-sdk"
```

그림 9.1 개발에 필요한 것을 포함하기 위해 이미지를 설정하는 방법

앞의 예제에서 `IMAGE_FEATURES`는 다음과 같이 이미지 기능을 확장한다.

- **dev-pkgs**: 지정된 이미지에 설치된 모든 패키지에 대한 개발 패키지(헤더 및

추가 라이브러리 링크)를 설치한다.

- **tools-sdk**: 장치에서 실행되는 툴체인을 설치한다.

IMAGE_FEATURES 변수는 12장에서 자세히 설명한다.

TIP

> build/conf/local.conf 파일만 수정하고 싶으면 EXTRA_IMAGE_FEATURES 변수를 사용한다.

타깃은 애플리케이션 개발 주기 동안 이 이미지를 사용할 수 있으며 동일한 프로젝트에서 작업하는 모든 개발자와 이미지를 공유할 수 있다. 각 개발자는 사본을 갖게 되며, 개발 팀은 동일한 개발 환경을 일관되게 사용하게 된다.

⠿ 크로스 개발 SDK 유형

Yocto 프로젝트는 서로 다른 요구 사항을 충족하고자 2가지 유형의 크로스 개발 SDK를 생성할 수 있다. 이는 다음과 같이 정의된다.

- **표준**^{standard} **SDK**: 부트로더나 리눅스 커널 개발 또는 기타 사용자 공간 소프트웨어 등 애플리케이션 개발을 위한 아티팩트를 제공한다.
- **확장**^{extensible} **SDK**: SDK의 sysroot 디렉터리에 추가 패키지를 설치할 수 있을 뿐만 아니라 Yocto 프로젝트가 제어하는 환경 내에서 레시피 및 애플리케이션을 통합할 수 있다.

표준 SDK에는 툴체인과 디버깅 애플리케이션이 포함돼 있다. 사용자가 타깃에서 사용할 바이너리를 생성할 수 있게 하는 것이 목표다. 확장 가능한 SDK는 더 강력하며 이미지와 레시피를 빌드할 수 있다. 2가지 유형의 SDK 간에 눈에 띄는 차이점은 확장 SDK에 devtool이 있다는 것이다.

devtool은 확장 가능한 SDK의 추가 기능을 제공하는 역할을 한다. 비트베이크와 레시피 툴의 기능을 사용하기 위한 인터페이스다. `devtool` 및 레시피 도구 명령은 기존 Yocto 프로젝트 환경에서도 사용할 수 있다.

⫶ 표준 SDK

일반적으로 SDK에는 제공해야 하는 라이브러리와 애플리케이션 집합이 있으며, 이는 제품에 맞게 조정된 이미지로 정의된다. 이를 이미지 기반 SDK라고 한다. 예를 들어 그림 9.2와 같은 명령으로 `core-image-full-cmdline`용 표준 SDK를 생성할 수 있다.

```
bitbake core-image-full-cmdline -c populate_sdk
```

그림 9.2 core-image-full-cmdline에 대한 표준 SDK 생성 방법

또 다른 옵션은 툴체인과 디버깅 도구가 포함된 일반 SDK를 만드는 것이다. 이 일반 SDK를 `meta-toolchain`이라고 하며 주로 리눅스 커널 및 부트로더 개발과 디버깅 프로세스에 사용된다. 복잡한 의존성이 있는 애플리케이션을 빌드하기에는 충분하지 않을 수 있다. `meta-toolchain`을 생성하려면 그림 9.3의 명령을 사용한다.

```
bitbake meta-toolchain
```

그림 9.3 일반 SDK 생성 방법

두 경우 모두 결과로 나온 SDK 자체 인스톨러 파일은 build/tmp/deploy/sdk/에 있다. `core-image-full-cmdline`에 표준 SDK를 사용했다고 가정하면 그림 9.4와 같은 결과 파일 집합을 볼 수 있다.

```
$ tree build/tmp/deploy/sdk/
build/tmp/deploy/sdk/
├── poky-glibc-x86_64-core-image-full-cmdline-core2-64-qemux86-64-toolchain-4.0.4.host.manifest
├── poky-glibc-x86_64-core-image-full-cmdline-core2-64-qemux86-64-toolchain-4.0.4.sh
├── poky-glibc-x86_64-core-image-full-cmdline-core2-64-qemux86-64-toolchain-4.0.4.target.manifest
└── poky-glibc-x86_64-core-image-full-cmdline-core2-64-qemux86-64-toolchain-4.0.4.testdata.json

0 directories, 4 files
```

그림 9.4 bitbake core-image-full-cmdline -c populate_sdk를 실행한 후 나온 결과

표준 SDK는 다른 스크립트와 동일한 방식으로 실행할 수 있는 설치 스크립트로 래핑되므로 표준 SDK를 생성한 후 다음 단계는 설치하는 것이다. 다음 순서는 표준 타깃 디렉터리를 사용하는 표준 SDK 설치 프로세스를 보여준다.

```
$ cd build/tmp/deploy/sdk
$ ./poky-glibc-x86_64-core-image-full-cmdline-core2-64-qemux86-64-toolchain-4.0.4.sh
Poky (Yocto Project Reference Distro) SDK installer version 4.0.4
=================================================================
Enter target directory for SDK (default: /opt/poky/4.0.4):
You are about to install the SDK to "/opt/poky/4.0.4". Proceed [Y/n]?
[sudo] password for user:
Extracting
SDK........................................................................done
Setting it up...done
SDK has been successfully set up and is ready to be used.
Each time you wish to use the SDK in a new shell session, you need to source the environment setup
script e.g.
 $ . /opt/poky/4.0.4/environment-setup-core2-64-poky-linux
```

그림 9.5 표준 SDK 설치 프로세스

앞에서는 표준 SDK를 생성하고 설치하는 방법을 설명한다. 그러나 현재 요구 사항에 맞지 않는 표준 이미지를 사용하는 것은 이상적이지 않다. 따라서 애플리케이션 요구 사항에 맞는 사용자 정의 이미지를 생성하는 것이 좋다. 또한 이 사용자 지정 이미지를 기반으로 표준 SDK를 사용하는 것이 좋다.

표준 SDK는 MACHINE 변수를 사용해 설정한 머신 아키텍처와 일치하게 생성된다. 표준 SDK를 사용해 사용자 지정 애플리케이션(예: hello-world.c)을 빌드하려면 x86-64 아키텍처를 타깃으로 다음 커맨드라인을 사용할 수 있다.

```
$ source /opt/poky/4.0.4/environment-setup-core2-64-poky-linux
$ ${CC} hello-world.c -o hello-world
$ file hello-world
hello-world: ELF 64-bit LSB pie executable, x86-64, version 1 (SYSV), dynamically
linked, interpreter /lib/ld-linux-x86-64.so.2,
BuildID[sha1]=244b01aa354611d25ab2a8999b5428455fb90206, for GNU/Linux 3.2.0, with
debug_info, not stripped
```

그림 9.6 표준 SDK를 사용해 C 애플리케이션을 빌드하는 단계

일반적으로 사용되는 또 다른 프로젝트는 리눅스 커널이다. 리눅스 커널 소스코드를 빌드하려면 그림 9.7과 같은 순서로 한다.

```
$ source /opt/poky/4.0.4/environment-setup-core2-64-poky-linux
$ unset LDFLAGS
$ make defconfig
$ make bzImage
```

그림 9.7 표준 SDK를 사용해 리눅스 커널을 빌드하는 단계

unset LDFLAGS는 Yocto 프로젝트 기반 표준 SDK의 기본값을 GCC로 링킹^{linking}에 사용하지 않게 하기 위해 필요하다.

⫶ 확장 SDK

확장 SDK는 표준 SDK의 기능을 확장한다. 주요 기능은 다음과 같다.

- 레시피 생성
- 레시피 빌드
- 이미지 빌드
- 내부 툴체인에 패키지 설치
- 타깃에 패키지 배포

이러한 추가 기능은 표준 Yocto 프로젝트 환경에서도 사용할 수 있게 **devtool** 유틸리티에서 제공된다.

확장 SDK를 생성하려면 그림 9.8과 같은 명령을 사용한다.

```
bitbake core-image-full-cmdline -c populate_sdk_ext
```

그림 9.8 확장 SDK를 생성하는 명령

결과 파일은 build/tmp/deploy/sdk 디렉터리에 있다. **core-image-full-cmdline**의 확장 SDK 파일 목록은 그림 9.9에서 볼 수 있다.

```
$ build/tree tmp/deploy/sdk/
build/tmp/deploy/sdk/
├── poky-glibc-x86_64-core-image-full-cmdline-core2-64-qemux86-64-toolchain-ext-4.0.4.host.manifest
├── poky-glibc-x86_64-core-image-full-cmdline-core2-64-qemux86-64-toolchain-ext-4.0.4.sh
├── poky-glibc-x86_64-core-image-full-cmdline-core2-64-qemux86-64-toolchain-ext-4.0.4.target.manifest
├── poky-glibc-x86_64-core-image-full-cmdline-core2-64-qemux86-64-toolchain-ext-4.0.4.testdata.json
├── x86_64-buildtools-nativesdk-standalone-4.0.4.host.manifest
├── x86_64-buildtools-nativesdk-standalone-4.0.4.sh
├── x86_64-buildtools-nativesdk-standalone-4.0.4.target.manifest
└── x86_64-buildtools-nativesdk-standalone-4.0.4.testdata.json

0 directories, 8 files
```

그림 9.9 bitbake core-image-full-cmdline -c populate_sdk_ext를 실행한 결과 파일

확장 SDK를 생성한 후 다음 단계는 설치하는 것이다. 설치하려면 생성된 스크립트
를 실행하면 된다. 그림 9.10은 표준 타깃 디렉터리에서 확장 SDK 설치 프로세스
를 보여준다.

```
$ ./tmp/deploy/sdk/poky-glibc-x86_64-core-image-full-cmdline-core2-64-qemux86-64-toolchain-ext-4.0.4.sh
Poky (Yocto Project Reference Distro) Extensible SDK installer version 4.0.4
===========================================================================
Enter target directory for SDK (default: ~/poky_sdk):
You are about to install the SDK to "/home/user/poky_sdk". Proceed [Y/n]?
Extracting SDK.......................................................done
Setting it up...
Extracting buildtools...
Preparing build system...
Loading cache: 100% |                                                   | ETA:  --:--:--
Parsing recipes: 100% |#################################################| Time: 0:01:34
Initialising tasks: 100% |##############################################| Time: 0:00:04
Checking sstate mirror object availability: 100% |######################| Time: 0:00:01
Running tasks (468 of 1435, 0 of 3706)   0% |
Loading cache: 100% |###################################################| Time: 0:00:00
Initialising tasks: 100% |##############################################| Time: 0:00:00
done
SDK has been successfully set up and is ready to be used.
Each time you wish to use the SDK in a new shell session, you need to source the environment setup script
e.g.
 $ . /home/user/poky_sdk/environment-setup-core2-64-poky-linux
```

그림 9.10 확장 SDK 설치 프로세스

그림 9.10은 확장 SDK를 생성하고 설치하는 방법을 보여준다. 하지만 현재 요구
사항에 맞지 않는 표준 이미지를 사용하는 것은 바람직하지 않다. 따라서 애플리
케이션 요구 사항에 맞는 사용자 지정 이미지를 생성하고 이를 기반으로 확장 SDK
를 사용하는 것이 좋다. 그러나 확장 SDK를 사용해 추가 의존성을 SDK로 빌드하
고 설치할 수 있다.

여기서 /home/user/poky_sdk에 확장 SDK를 설치했다. 설치가 완료되면 다음 단
계는 제공된 스크립트를 사용해 그림 9.11의 명령으로 필요한 환경 변수를 내보내

서 확장 SDK를 사용할 수 있게 하는 것이다.

```
$ . /home/user/poky_sdk/environment-setup-core2-64-poky-linux
SDK environment now set up; additionally you may now run devtool to perform development tasks.
Run devtool --help for further details.
```

그림 9.11 확장 SDK를 사용할 수 있도록 환경 변수 설정

다음 절에서는 **devtool**을 사용한 사례를 몇 가지 살펴본다. 모든 명령은 확장 SDK 변수를 설정한 터미널 내에서 실행한다.

확장 SDK는 동일한 Yocto 프로젝트 도구와 메타데이터를 제공하는 다른 방법이다. 다음이 포함돼 있다.

- Yocto 프로젝트 환경을 실행하기 위한 기본 바이너리 집합
- 개발을 위한 표준 SDK
- 로컬 빌드를 줄이기 위한 셰어드 스테이트 캐시
- Yocto 프로젝트 메타데이터와 설정 스냅숏

기본적으로 확장 SDK는 이를 생성하는 데 사용된 환경의 스냅숏이다. 따라서 다음 절에서 사용할 명령을 포함한 모든 개발 도구 명령은 Yocto 프로젝트 환경 내에서 사용할 수 있다.

devtool을 사용해 이미지 빌드

이미지 생성부터 시작해보자. 확장 SDK로 지원되는 모든 이미지를 만들 수 있다. 예를 들어 **core-image-full-cmdline**을 만들려면 그림 9.12와 같은 명령을 사용할 수 있다.

devtool 명령을 실행한 후 생성된 파일은 /home/user/poky_sdk/tmp/deploy/images/qemux86-64에서 찾을 수 있다.

```
$ devtool build-image core-image-full-cmdline
NOTE: Starting bitbake server...
Loading cache: 100% |##############################################################| Time: 0:00:00
Loaded 1641 entries from dependency cache.

Summary: There was 0 WARNING message.
WARNING: No packages to add, building image core-image-full-cmdline unmodified
Loading cache: 100% |##############################################################| Time: 0:00:01
Loaded 1641 entries from dependency cache.
NOTE: Resolving any missing task queue dependencies
Initialising tasks: 100% |#########################################################| Time: 0:00:10
Checking sstate mirror object availability: 100% |#################################| Time: 0:00:01
Sstate summary: Wanted 560 Local 0 Mirrors 0 Missed 560 Current 869 (0% match, 60% complete)
NOTE: Executing Tasks
NOTE: Tasks Summary: Attempted 3679 tasks of which 3666 didn't need to be rerun and all succeeded.

Summary: There was 0 WARNING message.
INFO: Successfully built core-image-full-cmdline. You can find output files in /home/user/poky_sdk/tmp/deploy
/images/qemux86-64
```

그림 9.12 devtool로 core-image-full-cmdline 빌드

QEMU에서 이미지 실행

```
$ devtool runqemu core-image-full-cmdline
NOTE: Starting bitbake server...
NOTE: Reconnecting to bitbake server...
NOTE: Retrying server connection (#1)...
NOTE: Reconnecting to bitbake server...
NOTE: Reconnecting to bitbake server...
NOTE: Retrying server connection (#1)...
NOTE: Retrying server connection (#1)...
NOTE: Starting bitbake server...
runqemu - INFO - Continuing with the following parameters:
KERNEL: [/home/user/poky_sdk/tmp/deploy/images/qemux86-64/bzImage--
5.15.68+git0+1128d7bcdc_0e51e57170-r0-qemux86-64-20221003235719.bin]
MACHINE: [qemux86-64]
FSTYPE: [ext4]
ROOTFS: [/home/user/poky_sdk/tmp/deploy/images/qemux86-64/core-image-full-cmdline-qemux86-64.ext4]
CONFFILE: [/home/user/poky_sdk/tmp/deploy/images/qemux86-64/core-image-full-cmdline-
qemux86-64.qemuboot.conf]

runqemu - INFO - Setting up tap interface under sudo
[sudo] password for user:
runqemu - INFO - Network configuration:
ip=192.168.7.2::192.168.7.1:255.255.255.0::eth0:off:8.8.8.8
runqemu - INFO - Running /home/user/poky_sdk/tmp/work/x86_64-linux/qemu-helper-native/1.0-
r1/recipe-sysroot-native/usr/bin/qemu-system-x86_64 -device virtio-net-
pci,netdev=net0,mac=52:54:00:12:34:02 -netdev tap,id=net0,ifname=tap0,script=no,downscript=no
-object rng-random,filename=/dev/urandom,id=rng0 -device virtio-rng-pci,rng=rng0 -drive file=/home
/user/poky_sdk/tmp/deploy/images/qemux86-64/core-image-full-cmdline-
qemux86-64.ext4,if=virtio,format=raw -usb -device usb-tablet   -cpu IvyBridge -machine q35 -smp 4
-m 256 -serial mon:vc -serial null -device virtio-vga  -display sdl,show-cursor=on  -kernel
/home/user/poky_sdk/tmp/deploy/images/qemux86-64/bzImage--5.15.68+git0+1128d7bcdc_0e51e57170-r0-
qemux86-64-20221003235719.bin -append 'root=/dev/vda rw
ip=192.168.7.2::192.168.7.1:255.255.255.0::eth0:off:8.8.8.8 oprofile.timer=1 tsc=reliable
no_timer_check rcupdate.rcu_expedited=1 '

runqemu - INFO - Host uptime: 4304.39
```

그림 9.13 devtool과 QEMU로 에뮬레이션하기

이전에 빌드한 이미지 **core-image-full-cmdline**을 사용해 그림 9.13의 명령과 함

께 QEMU로 타깃 하드웨어를 에뮬레이션할 수 있다.

그림 9.14에서 보여주는 것처럼 QEMU를 시작하고 부팅 스플래시를 보여준다.

그림 9.14 QEMU 부팅 스플래시 화면

외부 깃 저장소를 사용한 레시피 생성

devtool은 외부 깃 저장소에서 레시피를 생성할 수도 있다. 여기서는 그림 9.15처럼 https://github.com/OSSystems/bbexample을 사용한다.

```
$ devtool add https://github.com/OSSystems/bbexample
NOTE: Starting bitbake server...
NOTE: Starting bitbake server...
INFO: Fetching git://github.com/OSSystems/bbexample;protocol=https;branch=master...
Loading cache: 100% |################################################| Time: 0:00:01
Loaded 1641 entries from dependency cache.
Parsing recipes: 100% |##############################################| Time: 0:00:00
Parsing of 883 .bb files complete (882 cached, 1 parsed). 1642 targets, 44 skipped, 0 masked, 0 errors.

Summary: There was 0 WARNING message.
NOTE: Resolving any missing task queue dependencies
Initialising tasks: 100% |###########################################| Time: 0:00:02
Sstate summary: Wanted 0 Local 0 Mirrors 0 Missed 0 Current 0 (0% match, 0% complete)
NOTE: No setscene tasks
NOTE: Executing Tasks
NOTE: Tasks Summary: Attempted 2 tasks of which 0 didn't need to be rerun and all succeeded.
INFO: Using default source tree path /home/user/poky_sdk/workspace/sources/bbexample
NOTE: Reconnecting to bitbake server...
NOTE: Previous bitbake instance shutting down?, waiting to retry...
NOTE: Retrying server connection (#1)...
NOTE: Reconnecting to bitbake server...
NOTE: Reconnecting to bitbake server...
NOTE: Previous bitbake instance shutting down?, waiting to retry...
NOTE: Previous bitbake instance shutting down?, waiting to retry...
NOTE: Retrying server connection (#1)...
NOTE: Retrying server connection (#1)...
NOTE: Starting bitbake server...
INFO: Recipe /home/user/poky_sdk/workspace/recipes/bbexample/bbexample_git.bb has been automatically
created; further editing may be required to make it fully functional
```

그림 9.15 devtool을 사용해 레시피 생성

devtool은 지정된 저장소에 대한 기본 레시피 파일을 생성한다. 패키지 소스코드와 필요한 메타데이터가 포함된 작업 영역을 만든다. `devtool add https://github.com/OSSystems/bbexample` 명령이 실행된 후 devtool이 사용하는 파일 구조는 그림 9.16과 같다.

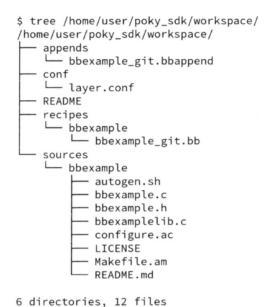

```
$ tree /home/user/poky_sdk/workspace/
/home/user/poky_sdk/workspace/
├── appends
│   └── bbexample_git.bbappend
├── conf
│   └── layer.conf
├── README
├── recipes
│   └── bbexample
│       └── bbexample_git.bb
└── sources
    └── bbexample
        ├── autogen.sh
        ├── bbexample.c
        ├── bbexample.h
        ├── bbexamplelib.c
        ├── configure.ac
        ├── LICENSE
        ├── Makefile.am
        └── README.md

6 directories, 12 files
```

그림 9.16 레시피를 생성할 때 devtool에 의해 생성되는 파일 구조

현재 devtool은 다음을 기반으로 프로젝트에 대한 잠정적인 레시피를 생성한다.

- Autotools(autoconf와 automake)
- CMake
- Scons
- qmake
- 일반 Makefile
- Node.js 모듈
- setuptools 또는 distutils를 사용한 파이썬 모듈

devtool을 사용해 레시피 빌드

이제 작업 디렉터리 아래에 레시피가 생성됐으므로 그림 9.17의 명령으로 빌드할 수 있다.

```
$ devtool build bbexample
NOTE: Starting bitbake server...
NOTE: Reconnecting to bitbake server...
NOTE: Retrying server connection (#1)...
Loading cache: 100% |################################################| Time: 0:00:00
Loaded 1641 entries from dependency cache.
Parsing recipes: 100% |############################################| Time: 0:00:00
Parsing of 883 .bb files complete (882 cached, 1 parsed). 1642 targets, 44 skipped, 0 masked, 0 errors.

Summary: There was 0 WARNING message.
Loading cache: 100% |################################################| Time: 0:00:01
Loaded 1641 entries from dependency cache.
Parsing recipes: 100% |############################################| Time: 0:00:00
Parsing of 883 .bb files complete (882 cached, 1 parsed). 1642 targets, 44 skipped, 0 masked, 0 errors.
NOTE: Resolving any missing task queue dependencies
Initialising tasks: 100% |##########################################| Time: 0:00:01
Sstate summary: Wanted 91 Local 0 Mirrors 0 Missed 91 Current 57 (0% match, 38% complete)
NOTE: Executing Tasks
NOTE: bbexample: compiling from external source tree /home/user/poky_sdk/workspace/sources/bbexample
NOTE: Tasks Summary: Attempted 639 tasks of which 577 didn't need to be rerun and all succeeded.

Summary: There was 0 WARNING message.
```

그림 9.17 devtool로 레시피 빌드

devtool을 사용해 타깃으로 배포

devtool로 패키지를 빌드한 후 타깃에 배포할 수 있다. 이 예제에서 타깃은 실행 중인 QEMU다. 타깃에 접근하려면 그림 9.18의 명령에 표시된 대로 기본 QEMU IP 주소인 **192.168.7.2**를 사용한다.

```
$ devtool deploy-target bbexample root@192.168.7.2
NOTE: Starting bitbake server...
NOTE: Reconnecting to bitbake server...
NOTE: Retrying server connection (#1)...
Loading cache: 100% |################################################| Time: 0:00:00
Loaded 1641 entries from dependency cache.
Parsing recipes: 100% |############################################| Time: 0:00:00
Parsing of 883 .bb files complete (882 cached, 1 parsed). 1642 targets, 44 skipped, 0 masked, 0 errors.

Summary: There was 0 WARNING message.
The authenticity of host '192.168.7.2 (192.168.7.2)' can't be established.
ED25519 key fingerprint is SHA256:qItHt/Ydwq/Zr2tmmF50mKyztXHiRSRbgcNbejfVjaQ.
This key is not known by any other names
Are you sure you want to continue connecting (yes/no/[fingerprint])?
INFO: Successfully deployed /home/user/poky_sdk/tmp/work/core2-64-poky-linux/bbexample/0.1+git999-
r0/image
```

그림 9.18 devtool을 사용해 타깃에 배포

애플리케이션이 타깃에 설치된다. 그림 9.19에서 볼 수 있듯이 QEMU 타깃에서 bbexample이 실행되는 것을 볼 수 있다.

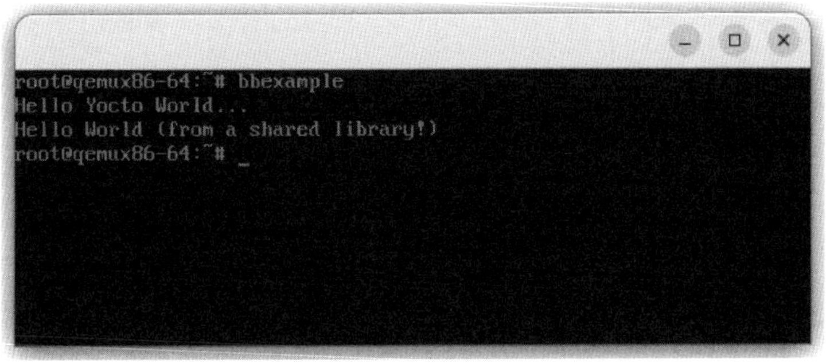

그림 9.19 타깃에서 실행되는 bbexample

SDK 확장

확장 SDK의 목표 중 하나는 SDK 환경에서 다양한 레시피를 설치할 수 있게 하는 것이다. 예를 들어 `libusb1`을 사용하려면 그림 9.20의 명령을 실행하면 된다.

TIP

Yocto 프로젝트 확장 SDK는 개발자가 프로젝트 라이프사이클 동안 기존 SDK 환경을 업데이트하고 확장할 수 있으므로 분산 개발이 가능하다. sstate-cache 미러 및 확장 SDK 서버로 확장 SDK를 올바르게 사용하려면 몇 가지 인프라 설정이 필요하며, 이 책에서 설명하는 범위를 벗어나는 복잡한 설정이 필요하다. 자세한 내용은 Yocto 프로젝트 애플리케이션 개발과 확장 소프트웨어 개발 도구(eSDK)의 'Providing Updates to the Extensible SDK After Installation' 절(https://docs.yoctoproject.org/4.0.4/sdk-manual/appendix-customizing.html#providing-updates-to-the-extensible-sdk-after-installation)을 참고하면 된다.

```
$ devtool sdk-install -s libusb1
NOTE: Starting bitbake server...
NOTE: Reconnecting to bitbake server...
NOTE: Retrying server connection (#1)...
Loading cache: 100% |###############################################| Time: 0:00:00
Loaded 1641 entries from dependency cache.
Parsing recipes: 100% |#############################################| Time: 0:00:00
Parsing of 883 .bb files complete (882 cached, 1 parsed). 1642 targets, 44 skipped, 0 masked, 0 errors.

Summary: There was 0 WARNING message.
INFO: Installing libusb1...
Loading cache: 100% |###############################################| Time: 0:00:01
Loaded 1641 entries from dependency cache.
Parsing recipes: 100% |#############################################| Time: 0:00:00
Parsing of 883 .bb files complete (882 cached, 1 parsed). 1642 targets, 44 skipped, 0 masked, 0 errors.
NOTE: Resolving any missing task queue dependencies
Initialising tasks: 100% |##########################################| Time: 0:00:01
Checking sstate mirror object availability: 100% |#################| Time: 0:00:00
Sstate summary: Wanted 153 Local 0 Mirrors 0 Missed 153 Current 97 (0% match, 38% complete)
NOTE: Executing Tasks
NOTE: Tasks Summary: Attempted 984 tasks of which 738 didn't need to be rerun and all succeeded.

Summary: There were 0 WARNING messages.
INFO: Successfully installed libusb1
Loading cache: 100% |###############################################| Time: 0:00:01
Loaded 1641 entries from dependency cache.
Parsing recipes: 100% |#############################################| Time: 0:00:00
Parsing of 883 .bb files complete (882 cached, 1 parsed). 1642 targets, 44 skipped, 0 masked, 0 errors.
NOTE: Resolving any missing task queue dependencies
Initialising tasks: 100% |##########################################| Time: 0:00:00
Sstate summary: Wanted 0 Local 0 Mirrors 0 Missed 0 Current 0 (0% match, 0% complete)
NOTE: No setscene tasks
NOTE: Executing Tasks
NOTE: Tasks Summary: Attempted 3 tasks of which 0 didn't need to be rerun and all succeeded.

Summary: There was 0 WARNING message.
```

그림 9.20 확장 SDK에서 새로운 컴포넌트 설치

∷ 정리

9장에서는 Yocto 프로젝트가 개발과 이미지 제작에 사용될 수 있다는 것을 알아봤다. 다양한 유형의 툴체인을 생성하는 방법과 이를 사용하는 방법도 살펴봤다.

10장에서는 디버깅 프로세스에 도움이 되도록 포키를 구성하는 방법, GDB를 사용해 원격 디버깅에 필요한 도구를 제공하도록 시스템을 구성하는 방법, 빌드 히스토리를 사용해 변경 사항을 추적하는 방법을 살펴본다.

10

Yocto 프로젝트를 이용한 디버깅

디버그 프로세스는 모든 개발 주기에서 필수적인 단계다. 10장에서는 디버깅 프로세스에 도움이 되도록 포키를 구성하는 방법, 예를 들어 GNI 디버거^{GDB, Gnu DeBugger}를 사용해 원격 디버그에 필요한 도구를 제공하도록 시스템을 구성하는 방법, buildhistory를 사용해 변경 사항을 추적하는 방법, oe-pkgdata-util, bitbake-getvar, devshell과 같은 편리한 디버그 도구를 사용하는 방법을 알아본다.

메타데이터와 애플리케이션 디버깅

디버깅에 대해 자세히 알아보기 전에 메타데이터와 런타임 코드 디버깅 같은 다양한 유형의 디버깅이 있다는 것을 알아야 한다.

메타데이터 디버깅은 비트베이크의 태스크 동작이 목표에 부합하는지 확인하고 일치하지 않을 경우 원인을 파악하는 데 필요하다. 예를 들어 기능을 활성화하기 위해 레시피를 수정해야 할 수 있다. 이러한 경우 호스트에서 비트베이크가 생성한 여러 로그 파일을 사용해 관련 작업의 실행 경로를 추적할 수 있다.

반면 런타임 코드 디버깅은 애플리케이션, 라이브러리 또는 커널의 일반적 개발 주기와 본질적으로 동일하기 때문에 더 자연스럽다. 해결하고자 하는 문제에 따라 디버거부터 코드 계측(예, 디버그 print 추가)까지 적합한 도구가 다양하다.

⠿ 이미지, 패키지, SDK 내용 추적

예상 결과와 함께 이미지, 패키지, SDK를 확보하는 가장 쉬운 방법은 buildhistory 메커니즘을 사용하는 것이다.

레시피가 새로운 버전으로 업데이트되거나 코드 변경이 있으면 생성된 패키지의 내용에 영향을 미치고 결과적으로 이미지 또는 SDK에도 영향을 미칠 수 있다.

많은 레시피와 이미지 또는 SDK를 다루는 포키는 수십, 수백 개의 패키지가 있는 경우가 많다. 따라서 패키지 내용을 추적하는 것이 어려울 수 있다. 이 작업을 도와주는 포키의 도구가 buildhistory다.

buildhistory는 이름에서 알 수 있듯이 포키를 사용하는 동안 빌드된 여러 아티팩트의 내용에 대한 기록을 보관한다. 패키지, 이미지, SDK 빌드 및 그 내용을 추적한다.

시스템에서 buildhistory를 활성화하려면 build/conf/local.conf 파일에 그림 10.1의 코드 라인을 추가한다.

```
1 INHERIT += "buildhistory"
2 BUILDHISTORY_COMMIT = "1"
```

그림 10.1 buildhistory 지원을 활성화하는 방법

buildhistory 클래스를 INHERIT하면 빌드 과정 중에 후킹을 한다. 동시에 BUILDHISOTRY_COMMIT 줄은 비트베이크가 모든 새로운 패키지, 이미지 또는 SDK 빌드에 대해 buildhistory 저장소에 새로운 깃 커밋을 만들 수 있게 한다. 깃 커밋을 사용하면 두 커밋 간에 git diff를 사용해 간단히 변경 사항을 추적할 수 있다.

데이터는 사용하기 쉽게 build/buildhistory 디렉터리에 텍스트 파일로 저장된다.

포키는 두 buildhistory 상태의 차이를 좀 더 쉽게 출력하는 유틸리티인 buildhistory-diff를 제공한다. 이는 변경 사항을 확인할 때 유용하게 사용한다. buildhistory-diff 유틸리티는 두 깃 리비전 간의 차이를 좀 더 의미 있게 보여준다.

예를 들어 core-image-minimal에 strace 패키지를 추가한다고 가정한다. 이 경우 그림 10.2와 같이 buildhistory-diff 명령을 사용해 결과 변경 사항을 확인할 수 있다.

```
$ ../scripts/buildhistory-diff
Changes to images/qemux86_64/glibc/core-image-minimal (files-in-image.txt):
  /usr/bin/strace was added
  /usr/bin/strace-log-merge was added
Changes to images/qemux86_64/glibc/core-image-minimal (installed-package-names.txt):
  strace was added
```

그림 10.2 buildhistory-diff 사용 결과

모든 패키지 빌드에 대해 buildhistory는 생성된 하위 패키지 목록, 설치 스크립트, 파일 소유권, 크기 목록, 의존성 관계 등을 생성한다. 또한 패키지, 파일 시스템 파일 간의 의존성 관계와 이미지 및 SDK에 대한 의존성 그래프가 생성된다.

빌드 히스토리가 제공하는 기능과 기능을 더 잘 이해하려면 Yocto 프로젝트 개발 작업 매뉴얼의 'Maintaining Build Output Quality' 절(https://docs.yoctoproject.org/4.0.4/dev-manual/common-tasks.html#maintaining-build-output-quality)을 참고하면 된다.

⸬ 패키지 디버깅

좀 더 정교한 레시피에서는 설치된 결과를 여러 개의 하위 패키지로 분할한다. 하위 패키지는 선택적 기능, 모듈 또는 기타 선택적으로 설치할 수 있는 파일 집합일 수 있다.

레시피의 결과가 어떻게 분할됐는지 확인하려면 build/tmp/work/⟨arch⟩/⟨레시피명⟩/⟨소

프트웨어 버전)/packages-split 디렉터리에 접근하면 된다. 이 디렉터리에는 모든 하위 패키지에 대한 하위 디렉터리가 포함돼 있으며 하위 트리에 해당 결과물이 있다.

결과물 분할이 잘못될 수 있는 이유는 다음 같다.

- 결과물이 설치되지 않음(예, 설치 스크립터 오류)
- 애플리케이션 또는 라이브러리 설정 오류(예, 기능 비활성화)
- 메타데이터 오류(예, 잘못된 패키지 순서)

빌드 실패의 또 다른 일반적인 문제는 sysroot 디렉터리에 필요한 아티팩트(예: 헤더 또는 동적 라이브러리)가 없는 경우다. sysroot 생성에 대응하는 아티팩트는 build/tmp/work/⟨arch⟩/⟨레시피_이름⟩/⟨소프트웨어_버전⟩/sysroot-destdir 디렉터리에서 확인할 수 있다.

이것으로 충분하지 않은 경우 이러한 로깅 함수를 사용해 작업 코드를 추적해 예기치 않은 결과를 초래한 논리적 오류나 버그를 파악할 수 있다.

패키지 확인

Yocto 프로젝트의 핵심은 패키지를 다루는 것이다. 따라서 프로젝트는 빌드된 패키지와 관련 데이터를 검사하는 데 도움이 되는 oe-pkgdata-util을 설계했다. 예를 들어 bitbake bluez5를 실행한 후 다음 명령을 사용해 bluez와 관련된 모든 패키지를 찾을 수 있다.

```
$ oe-pkgdata-util list-pkgs | grep bluez
bluez5
bluez5-dbg
bluez5-dev
bluez5-noinst-tools
bluez5-obex
bluez5-ptest
bluez5-src
bluez5-testtools
```

그림 10.3 bluez 관련 이용 가능한 모든 패키지 리스트

때로는 이 특정 파일이 포함된 패키지를 찾아야 할 때도 있다. 그림 10.4의 명령을 사용해 패키지 데이터베이스를 조회할 수 있다.

```
$ oe-pkgdata-util find-path /usr/bin/rfcomm
bluez5: /usr/bin/rfcomm
```

그림 10.4 /usr/bin/rfcomm을 제공하는 패키지를 찾는 방법

또 다른 사용 사례는 패키지의 현재 버전을 찾아야 할 때다. 그림 10.5의 명령으로 이 작업을 수행할 수 있다.

```
$ oe-pkgdata-util package-info bluez5
bluez5 5.65-r0 bluez5 5.65-r0 5507272
```

그림 10.5 bluez5 패키지 정보 확인

그림 10.6의 명령을 사용해 지정된 패키지의 모든 파일을 나열할 수도 있다.

```
$ oe-pkgdata-util list-pkg-files bluez5
bluez5:
    /etc/bluetooth/input.conf
    /etc/bluetooth/network.conf
    /etc/dbus-1/system.d/bluetooth.conf
    /etc/init.d/bluetooth
    /usr/bin/bluemoon
    /usr/bin/bluetoothctl
    /usr/bin/btattach
    /usr/bin/btmon
    /usr/bin/ciptool
    /usr/bin/hciattach
    /usr/bin/hciconfig
    /usr/bin/hcidump
    /usr/bin/hcitool
    /usr/bin/hex2hcd
    /usr/bin/isotest
    /usr/bin/l2ping
    /usr/bin/l2test
    /usr/bin/mpris-proxy
    /usr/bin/rctest
    /usr/bin/rfcomm
    /usr/bin/sdptool
    /usr/lib/libbluetooth.so.3
    /usr/lib/libbluetooth.so.3.19.7
    /usr/libexec/bluetooth/bluetoothd
```

그림 10.6 bluez5 패키지에 있는 파일 목록

oe-pkgdata-util 스크립트는 패키징 디버깅에 도움이 되는 편리한 도구다.

⠶ 작업 실행 기간의 로그 정보

비트베이크에서 제공하는 로깅 유틸리티는 코드 실행 경로를 추적하는 데 유용하다. 비트베이크는 파이썬 및 셸 스크립트 코드에서 사용할 수 있는 로깅 함수를 제공하며, 다음과 같다.

- **파이썬:** 파이썬 함수 내에서 사용하기 위해 비트베이크는 bb.fatal, bb.error, bb.warn, bb.note, bb.plain, bb.debug와 같은 여러 로그 레벨을 지원한다.
- **셸 스크립트:** 셸 스크립트 함수에서 사용하기 위해 동일한 로그 수준 집합이 존재하며 유사한 구문으로 사용한다(bbfatal, bberror, bbwarn, bbnote, bbplain, bbdebug).

이러한 로깅 기능은 서로 매우 유사하지만 다음과 같이 약간의 차이점이 있다.

- **bb.fatal과 bbfatal:** 메시지를 출력하고 처리를 종료하므로 메시지 로깅에 가장 높은 우선순위를 가진다. 이로 인해 빌드가 중단된다.
- **bb.error과 bberror:** 에러를 출력하지만 빌드가 강제로 중단되지 않는다.
- **bb.warn과 bbwarn:** 경고 메시지만 출력한다.
- **bb.note와 bbnote:** 사용자에게 정보 제공용으로 메시지를 출력한다.
- **bb.plain과 bbplain:** 메시지를 출력한다.
- **bb.debug와 bbdebug:** 디버그 레벨에 따라 보여주는 디버깅 정보를 추가한다.

파이썬과 셸 스크립트에서 로깅 함수를 사용하는 것에는 미묘한 차이가 있다. 파이썬의 로깅 함수는 비트베이크가 직접 처리하고 콘솔에서 볼 수 있으며 build/tmp/log/cooker/⟨machine⟩ 내부의 실행 로그에 저장된다. 셸 스크립트에서 로깅 함수를 사용하면 정보가 개별 작업 로그에 출력되며, 이 정보는 build/tmp/work/⟨arch⟩/⟨레시피 이름⟩/⟨소프트웨어 버전⟩/temp에서 확인할 수 있다.

temp 디렉터리 내에 run.<task>.<pid> 패턴으로 모든 작업의 스크립트를 검사하고 출력으로는 log.<task>.<pid> 패턴을 사용한다. 심볼릭 링크는 log.<task> 패턴으로 있고 마지막 로그 파일을 가리킨다. 예를 들어 log.do_compile을 확인해 빌드 프로세스 중에 올바른 파일이 사용됐는지 확인할 수 있다.

build/tmp/work 디렉터리는 6장에서 자세히 살펴봤다.

⠿ 메타데이터 변수 디버깅

메타데이터 변수를 디버깅하고자 bitbake-getvar 스크립트를 사용할 수 있다. 이 스크립트는 비트베이크 내부 데이터를 사용해 특정 변수 값과 해당 어트리뷰션 이력을 가져온다.

예를 들어 procps 레시피의 PACKAGECONF 변수를 확인하려면 그림 10.7의 명령을 사용하면 된다.

```
$ bitbake-getvar -r procps PACKAGECONFIG
#
# $PACKAGECONFIG [4 operations]
#   :append[pn-qemu-system-native] /home/user/yocto/poky/build/conf/local.conf:243
#     " sdl"
#   set /home/user/yocto/poky/meta/conf/documentation.conf:318
#     [doc] "This variable provides a means of enabling or disabling features of a recipe
#           on a per-recipe basis."
#   set /home/user/yocto/poky/meta/recipes-extended/procps/procps_3.3.17.bb:33
#     [_defaultval] "${@bb.utils.filter('DISTRO_FEATURES', 'systemd', d)}"
#   set /home/user/yocto/poky/meta/recipes-extended/procps/procps_3.3.17.bb:34
#     [systemd] "--with-systemd,--without-systemd,systemd"
# pre-expansion value:
#   "${@bb.utils.filter('DISTRO_FEATURES', 'systemd', d)}"
PACKAGECONFIG=""
```

그림 10.7 bitbake-getvar -r procps PACKAGECONF 결과

그림 10.7에서 맨 마지막 줄을 보면 PACKAGECONFIG가 비어있는 것을 볼 수 있다. 또한 기본값으로 meta/recipes-extended/procps/procps_3.3.17.bb 파일의 33번 줄에 "${@bb.utils.filter('DISTRO_FEATURES', 'systemd', d)}"가 설정돼 있는 것을 볼 수 있다.

그림 10.8은 procps 레시피의 33번과 34번 줄을 보여준다.

```
33 PACKAGECONFIG ??= "${@bb.utils.filter('DISTRO_FEATURES', 'systemd', d)}"
34 PACKAGECONFIG[systemd] = "--with-systemd,--without-systemd,systemd"
```
그림 10.8 procps 레시피 33번과 34번 줄

bitbake-getvar 스크립트를 사용해 기능이 활성화돼 있는지 확인하거나 예상대로 변수가 확장됐는지 확인할 수 있다.

⠿ devshell 이용

devshell은 패키지를 편집하거나 빌드 오류를 디버깅할 때 유용한 도구가 될 수 있다. devshell을 사용하면 다음 단계가 진행된다.

1. 소스 파일은 작업 디렉터리에 압축이 풀린다.
2. 패치가 적용된다.
3. 새로운 터미널이 작업 디렉터리에 열린다.

빌드에 필요한 모든 환경 변수를 새 터미널에서 사용할 수 있으므로 configure 및 make와 같은 명령을 사용할 수 있다. 명령은 빌드 시스템에서 실행하는 것처럼 실행된다.

그림 10.9의 명령은 linux-yocto를 devshell로 사용할 수 있게 하는 예제다.

```
$ bitbake linux-yocto -c devshell
```
그림 10.9 linux-yocto 레시피에 대한 devshell 실행

그림 10.9의 명령을 사용하면 리눅스 커널 소스코드를 재작업하고 빌드한 후 필요에 따라 코드를 변경할 수 있다. 그림 10.10에서는 bitbake linux-yocto -c devshell 명령을 실행한 후의 화면을 볼 수 있다.

```
$ bitbake linux-yocto -c devshell
Loading cache: 100%
|#########################################################################| Time: 0:00:00
Loaded 1641 entries from dependency cache.
NOTE: Resolving any missing task queue dependencies

Build Configuration:
BB_VERSION           = "2.0.0"
BUILD_SYS            = "x86_64-linux"
NATIVELSBSTRING      = "universal"
TARGET_SYS           = "x86_64-poky-linux"
MACHINE              = "qemux86-64"
DISTRO               = "poky"
DISTRO_VERSION       = "4.0.4"
TUNE_FEATURES        = "m64 core2"
TARGET_FPU           = ""
meta
meta-poky
meta-yocto-bsp       = "kirkstone:e81e703fb6fd028f5d01488a62dcfacbda16aa9e"

Initialising tasks: 100%
|#########################################################################| Time: 0:00:01
Sstate summary: Wanted 64 Local 64 Mirrors 0 Missed 0 Current 63 (100% match, 100% complete)
NOTE: Executing Tasks
Setscene tasks: 127 of 127
Currently  1 running tasks (578 of 579)  99%
|################################################################## |
0: linux-yocto-5.15.68+gitAUTOINC+1128d7bcdc_0e51e57170-r0 do_devshell - 31s (pid 704732)
```

그림 10.10 bitbake linux-yocto -c devshell 실행 후 화면

소스를 마음대로 사용할 수 있고 이를 사용해 추가 패치를 생성할 수 있다. 이 작업을 수행하는 편리한 방법은 나중에 레시피에 포함할 패치를 생성하기 위해 깃과 git format-patch를 사용하는 것이다.

그림 10.11은 devshell 작업을 호출한 후 열린 devshell 창을 보여준다.

```
root@machine:~/yocto/poky/build/tmp/work-shared/qemux86-64/kernel-source# ls
arch      CREDITS        fs       Kbuild   LICENSES     net       security  virt
block     crypto         include  Kconfig  MAINTAINERS  README    sound
certs     Documentation  init     kernel   Makefile     samples   tools
COPYING   drivers        ipc      lib      mm           scripts   usr
```

그림 10.11 WORKDIR 디렉터리에 있는 파일 목록

devshell 명령은 작은 작업에 편리하다. 하지만 좀 더 복잡한 변경이 필요한 경우에는 외부 툴체인이나 devtool을 사용하는 것이 더 나은 옵션일 수 있다.

생성된 패치를 레시피에 적용하는 방법은 13장에 설명돼 있다.

:::· GDB 사용

프로젝트를 개발하다 보면 때때로 미묘한 버그를 파악하는 데 어려움을 겪게 되는데, GDB는 포키에서 패키지로 제공된다. 9장에서 자세히 설명한 것처럼 기본적으로 SDK 이미지에 설치된다.

NOTE

> 이미지에 디버깅 심볼과 도구를 포함한 디버깅 패키지를 설치하려면 build/conf/local.conf 파일에 IMAGE_FEATURES += "dbg-pkgs tools-debug"를 추가해야 한다.

디버깅 패키지 및 도구가 설치된 SDK 또는 이미지를 사용하면 타깃에서 직접 애플리케이션을 디버깅할 수 있으므로 일반적으로 머신에서 수행하는 것과 동일한 개발 작업 흐름을 진행할 수 있다.

메모리 또는 디스크 공간 제약으로 인해 일부 타깃에서는 GDB를 사용하지 못할 수 있다. 이러한 제한의 주된 이유는 디버깅 프로세스를 시작하기 전에 GDB가 디버깅 정보 및 디버깅 프로세스의 바이너리를 로드해야 하기 때문이다.

이러한 제약을 극복하기 위해 IMAGE_FEATURES에서 tools-debug를 사용할 때 기본으로 포함된 gdbserver를 사용할 수 있다. 이 서버는 타깃에서 실행되며 디버깅된 프로세스에서 디버깅 정보를 로드하지 않는다. 대신 GDB 인스턴스가 빌드 호스트에서 디버깅 정보를 처리한다. 호스트 GDB는 디버깅된 애플리케이션을 제어하기 위해 gdbserver에 제어 명령을 보내므로 타깃에 디버깅 심볼이 설치돼 있지 않아도 된다.

하지만 디버깅 정보가 포함된 바이너리에 호스트가 액세스할 수 있는지 확인해야 한다. 따라서 디버깅 프로세스를 용이하게 하기 위해 최적화하지 않은 상태로 타깃 바이너리를 컴파일하는 것이 좋다.

gdbserver를 사용하고 호스트와 타깃을 설정하는 프로세스는 Yocto 프로젝트 개발 태스크 매뉴얼의 'Debugging With the GNU Project Debugger(GDB) Remotely' 절(https://docs.yoctoproject.org/4.0.4/dev-manual/common-tasks.html#debugging-with-the-gnu-project-debugger-gdb-remotely)에 자세히 설명돼 있다.

⠿ 정리

10장에서는 디버깅 프로세스에 도움이 되는 포키를 설정하는 방법을 살펴봤다. 디버깅에 사용할 수 있는 배포된 디렉터리의 내용과 빌드 히스토리를 사용해 변경 사항을 추적하는 방법을 알아봤다. 또한 패키지 정보를 검사하고자 `oe-pkgdata-util`을 사용하고, 변수 확장을 디버깅하고자 `bitbake-getvar`를 사용하고, 비트베이크와 동일한 빌드 환경을 에뮬레이션하고자 `devshell`을 사용하는 방법과 GDB 디버깅에 필요한 도구를 제공하도록 시스템을 구성하는 방법도 다뤘다.

11장에서는 외부 레이어를 사용해 포키 소스코드를 확장하는 방법을 알아본다. 먼저 레이어링의 개념을 소개한다. 그런 다음 디렉터리 구조와 각 레이어 유형을 자세히 살펴본다.

11

외부 레이어

포키의 가장 매력적인 기능 중 하나는 외부 레이어^{layer}를 유연하게 사용할 수 있다는 점이다. 11장에서는 이 기능이 왜 중요한지, 이 기능을 어떻게 활용할 수 있는지 살펴본다. 또한 다양한 유형의 레이어와 해당 레이어의 디렉터리 구조 레이아웃도 살펴본다. 11장의 마지막에는 프로젝트에 새 레이어를 포함하는 방법을 알아본다.

⫶ 레이어를 이용한 유연성 확보

포키에는 머신 및 배포 파일, 클래스, 레시피와 같은 설정 정의 파일에 분산된 메타데이터가 포함돼 있으며, 간단한 애플리케이션부터 전체 그래픽 스택 및 프레임워크에 이르기까지 모든 것을 포괄한다. 비트베이크가 메타데이터 집합을 로드할 수 있는 여러 위치가 있으며, 이를 메타데이터 레이어라고 한다.

레이어 사용의 가장 큰 장점은 메타데이터를 논리적 단위로 분할할 수 있어 프로젝트에 필요한 메타데이터 집합만 선택할 수 있다는 점이다.

메타데이터 레이어를 사용하면 다음과 같은 작업을 수행할 수 있다.

- 코드 재사용성 향상
- 다양한 팀, 커뮤니티 및 공급업체 간에 작업 공유 및 확장
- 여러 개발자와 사용자가 관심 있는 특정 메타데이터 레이어에 함께 집중해 Yocto 프로젝트 커뮤니티의 코드 품질을 향상

기능을 활성화/비활성화하거나 아키텍처별 최적화를 위해 빌드 플래그를 변경해야 하는 등 다양한 이유로 시스템을 구성할 수 있다. 다음은 레이어를 사용해 수행할 수 있는 커스터마이징의 예다.

또한 사용자 지정 프로젝트 환경을 만들고, 레시피를 변경하고, 포키 레이어에서 파일을 수정하는 대신 다른 레이어에 메타데이터를 구성한다. 조직이 분리돼 있을수록 포키 소스코드도 여러 레이어로 분할돼 있기 때문에 향후 프로젝트에서 레이어를 재사용하기가 더 쉽다. 그림 11.1의 명령 출력에서 볼 수 있듯이 기본적으로 3개의 레이어가 포함돼 있다.

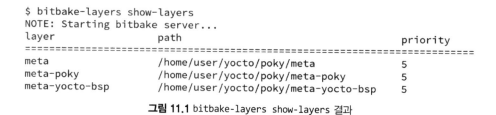

```
$ bitbake-layers show-layers
NOTE: Starting bitbake server...
layer                     path                                priority
=====================================================================
meta                      /home/user/yocto/poky/meta              5
meta-poky                 /home/user/yocto/poky/meta-poky         5
meta-yocto-bsp            /home/user/yocto/poky/meta-yocto-bsp    5
```

그림 11.1 bitbake-layers show-layers 결과

명령 출력에는 모든 레이어의 다음 3가지 필수 속성이 표시된다.

- **이름:** 대부분 meta 문자열로 시작한다.
- **경로:** 이 변수는 프로젝트에 레이어를 추가하기 위해 BBPATH 변수에 추가할 때 중요하다.
- **우선순위:** 이 값은 비트베이크에서 사용할 레시피와 .bbappend 파일을 연결할 순서를 결정하기 위해 사용하는 값이다. 즉, 두 레이어에 동일한 레시피 파일(.bb)이 포함돼 있는 경우 우선순위가 가장 높은 파일이 사용된다. .bbappend의 경우 모든 .bbappend 파일이 원본 레시피에 포함된다. 레이

어 우선순위에 따라 포함 순서가 결정되므로 우선순위가 가장 높은 레이어에 있는 .bbappend 파일이 먼저 추가되고 다른 파일이 그다음에 추가된다.

포키를 예로 들면 3개의 개별 레이어가 있다. meta-yocto-bsp 레이어는 포키 레퍼런스 보드 지원 패키지^{BSP, Board Support Package} 레이어다. 여기에는 머신 설정 파일과 머신용 설정 패키지가 포함돼 있다. 레퍼런스 BSP 레이어이므로 예제로 사용할 수 있다.

meta-poky 레이어는 포키 레퍼런스 배포 레이어다. 여기에는 기본적으로 Yocto 프로젝트에서 사용되는 배포판 설정이 포함돼 있다. 이 기본 배포판은 poky.conf 파일에 설정돼 있으며, 제품 테스트에 널리 사용된다. 자체 배포판을 설계할 때 시작점으로 사용할 수 있다.

또 다른 종류의 레이어는 소프트웨어 레이어로, 애플리케이션 또는 애플리케이션용 설정 파일만 포함하며 모든 아키텍처에서 사용할 수 있다. 소프트웨어 레이어에는 방대한 목록이 있다. 몇 가지만 예를 들면 meta-java, meta-qt5, meta-browser가 있다. meta-java 레이어는 자바 런타임 및 SDK 지원을 제공하고, meta-qt5 레이어는 Qt5 지원을 포함하며, meta-browser는 파이어폭스^{Firefox} 및 크롬^{Chrome}과 같은 웹 브라우저를 지원한다.

meta 레이어는 레시피, 클래스, QEMU 머신 설정 파일을 포함하는 오픈임베디드 코어 메타데이터다. 소프트웨어 집합, BSP 정의, Yocto 프로젝트에서 기본으로 사용하는 배포판이 포함돼 있으므로 혼합 레이어 유형으로 간주할 수 있다.

때로는 제품에 특별한 요구 사항이 있을 수 있으며, 필요에 따라 build/conf/local.conf 파일을 변경해야 할 수도 있다. 가장 적절하고 유지 관리가 쉬운 해결책은 배포 정의 파일을 배치할 배포판 레이어를 만드는 것이다.

TIP

> build/conf/local.conf 파일은 휘발성 파일로 깃에서 추적하지 않아야 한다. 제품의 패키지 버전, 공급자 및 시스템 기능을 설정하는 데 이 파일에 의존해서는 안 되며, 개발 중 테스트 목적의 지름길로만 사용해야 한다.

build/conf/local.conf에 사용자 지정 설정을 추가하지 않으면 나중에 빌드를 재현하는 데 도움이 된다.

⁑ 레이어의 소스코드에 대한 고찰

일반적으로 레이어에는 그림 11.2와 같이 디렉터리 구조가 있다.

```
meta-*/
    ├── classes
    ├── conf
    ├── COPYING
    ├── README
    └── recipes-*
```

그림 11.2 표준 레이어 레이아웃

이 디렉터리 안에는 각각 라이선스와 사용자에게 보여주는 〈layer〉/COPYING와 〈layer〉/README라는 2개의 파일이 있다. <layer>/README에는 레이어의 사용자가 알아야 할 다른 의존성과 정보를 지정한다. 레이어의 `meta-` 접두사는 필수 사항은 아니지만 일반적으로 사용되는 명명 규칙이다.

classes 디렉터리에는 해당 레이어와 관련된 클래스(.bbclass 파일)가 있다. 이 디렉터리는 옵션이다.

<layer>/conf 디렉터리는 필수이며 설정 파일(.conf 파일)을 제공한다. 12장에서 자세히 다룰 레이어 설정 파일인 <layer>/conf/layer.conf는 레이어 정의가 있는 파일이다.

그림 11.3에는 <layer>/conf의 디렉터리 레이아웃 예시를 보여주며, (a)는 BSP 레이어의 구조, (b)는 배포판 레이어의 구조를 보여준다.

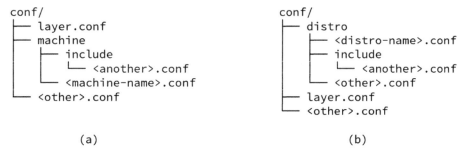

그림 11.3 BSP와 배포판 레이어의 〈layer〉/conf 레이아웃

recipes-* 디렉터리는 카테고리별로 구분된 레시피 클러스터다(예: recipes-core, recipes-bsp, recipes-graphic, recipes-multimedia, recipes-kernel). recipes- 접두사로 시작하는 각 디렉터리 안에는 레시피 이름 또는 레시피 그룹이 있는 디렉터리가 있다. 그 안에는 이름이 .bb 또는 .bbappend로 끝나는 레시피 파일이 있다. 예를 들어 **meta** 레이어에서 그림 11.4를 볼 수 있다.

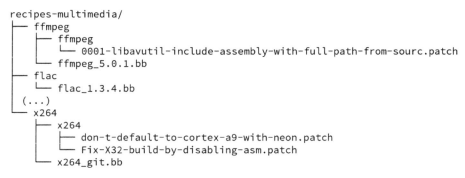

그림 11.4 recipes-* 레이아웃 예제

⠿ 메타레이어 추가

http://layers.openembedded.org에서 사용 가능한 대부분의 메타레이어를 찾을 수 있다. 프로젝트 소스 디렉터리 내에서 수동으로 복제할 수 있는 Yocto 프로젝트, 오픈임베디드, 커뮤니티 및 회사의 메타레이어가 수백 개 있다.

예를 들어 **meta-oe**(meta-openembedded 저장소 내의 여러 메타레이어 중 하나)를 프로젝트에 포함하려면 설정 파일의 내용을 변경하거나 비트베이크 명령을 사용할 수 있다. 하지만 먼저 레이어의 소스코드를 가져와야 한다. 포키 소스 디렉터리에서 그림 11.5의 명령을 실행한다.

```
$ git clone https://github.com/openembedded/meta-openembedded -b kirkstone
```

그림 11.5 meta-openembedded 레이어 다운로드

절대 경로를 사용해 레이어 위치를 추가하고 build/conf/bblayer.conf 파일을 수정해야 한다. 그림 11.6의 12번 줄을 살펴보자.

```
1 # POKY_BBLAYERS_CONF_VERSION is increased each time build/conf/bblayers.conf
2 # changes incompatibly
3 POKY_BBLAYERS_CONF_VERSION = "2"
4
5 BBPATH = "${TOPDIR}"
6 BBFILES ?= ""
7
8 BBLAYERS ?= " \
9   /home/user/yocto/poky/meta \
10   /home/user/yocto/poky/meta-poky \
11   /home/user/yocto/poky/meta-yocto-bsp \
12   /home/user/yocto/poky/meta-openembedded/meta-oe \
13   "
```

그림 11.6 meta-openembedded 레이어를 포함한 후 build/conf/bblayers.conf 파일의 내용

또는 비트베이크 레이어 도구를 사용해 레이어를 포함하도록 수행할 수 있다. 빌드 디렉터리에서 그림 11.7의 명령을 사용하면 된다.

```
$ bitbake-layers add-layer ../meta-openembedded/meta-oe
```

그림 11.7 레이어 위치를 추가하는 명령

⁞⁞⁞ Yocto 프로젝트 레이어 생태계

레이어를 만드는 것이 편리하다. 사용 가능한 모든 레이어에 더 쉽게 액세스할 수 있도록 오픈임베디드 커뮤니티에서 색인을 개발했으며 http://layers.openembedded.org에

서 대부분의 레이어를 찾을 수 있다. 레이어 탭의 예는 다음과 같다.

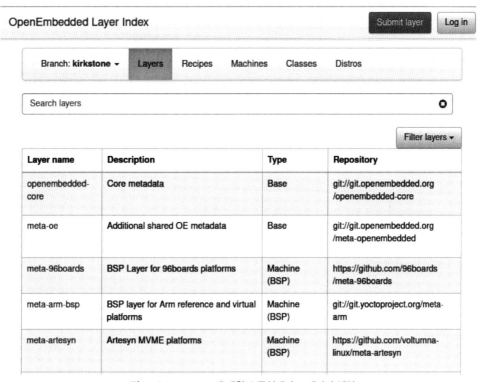

그림 11.8 kirkstone에 대한 오픈임베디드 레이어 색인

오픈임베디드 레이어 색인 웹 사이트의 또 다른 편리한 사용 사례는 특정 소프트웨어 유형이나 레시피를 검색하는 것이다. 오픈임베디드 레이어 색인을 사용하면 다음과 같은 검색이 가능해 시간을 절약할 수 있다.

- 머신
- 배포판
- 레이어
- 레시피
- 클래스

bitbake-layers 도구는 오픈임베디드 레이어 색인을 사용하도록 지원한다. 예를 들어 meta-oe 레이어를 추가하려면 그림 11.9의 명령을 사용한다.

```
$ bitbake-layers layerindex-fetch meta-oe
NOTE: Starting bitbake server...
Loading https://layers.openembedded.org/layerindex/api/;branch=kirkstone...
Layer                          Git repository (branch)        Subdirectory
==========================================================================
layers...:kirkstone:meta-oe    git://git...bedded (kirkstone)     meta-oe
Cloning into '/home/user/yocto/poky/meta-openembedded'...
remote: Counting objects: 194762, done.
remote: Compressing objects: 100% (66384/66384), done.
remote: Total 194762 (delta 122372), reused 190562 (delta 119709)
Receiving objects: 100% (194762/194762), 47.60 MiB | 12.90 MiB/s, done.
Resolving deltas: 100% (122372/122372), done.
Adding layer "meta-oe" (/home/user/yocto/poky/meta-openembedded/meta-oe) to conf/bblayers.conf
```

그림 11.9 오픈임베디드 레이어 색인에서 레이어 다운로드

⠿ 정리

11장에서는 레이어링의 개념을 소개했다. 디렉터리 구조와 각 레이어 유형에 포함된 내용을 자세히 알아봤다. 또한 수동으로 또는 비트베이크 명령을 사용해 프로젝트에 외부 레이어를 추가하는 방법과 오픈임베디드 레이어 색인을 사용해 필요한 레이어를 쉽게 찾는 방법도 살펴봤다.

12장에서는 새 레이어를 만들어야 하는 이유와 레이어에 포함된 공통 메타데이터(예: 머신 정의 파일, 레시피 및 이미지)에 대해 자세히 알아보고 배포판 사용자 지정의 예로 마무리한다.

12

사용자 레이어 생성

12장에서는 커뮤니티나 공급업체에서 제공하는 기존 레이어를 사용하는 것 외에도 제품에 맞는 레이어를 만드는 방법을 알아본다. 또한 머신 정의와 배포판을 생성하고 이를 활용해 소스코드를 더 잘 정리하는 방법도 알아본다.

⁝⁝⁝▶ 새로운 레이어 추가

레이어를 만들기 전에 웹 사이트(http://layers.openembedded.org)에서 유사한 레이어가 이미 있는지 확인하는 것이 좋다.

여전히 필요에 맞는 레이어를 찾고 있다면 다음 단계는 디렉터리를 만드는 것이다. 일반적으로 레이어 이름은 `meta-`로 시작하지만 이는 기술적인 제한은 아니다.

<layer>/conf/layer.conf 파일은 모든 레이어에 필요한 레이어 설정 파일이다. 새 레이어는 다음 명령과 같이 포키에서 제공하는 비트베이크의 `bitbake-layers`라는 도구를 사용해 만들 수 있다.

```
$ bitbake-layers create-layer ~/yocto/poky/meta-newlayer
NOTE: Starting bitbake server...
Add your new layer with 'bitbake-layers add-layer /home/user/yocto/poky/meta-newlayer'
```
그림 12.1 bitbake-layers를 사용해 새로운 레이어 생성

레이어를 생성한 후 그림 12.2의 명령을 사용해 build/conf/bblayers.conf 파일에
레이어를 포함시켜야 한다.

```
$ bitbake-layers add-layer /home/user/yocto/poky/meta-newlayer
NOTE: Starting bitbake server...
```
그림 12.2 build/conf/bblayers.conf 파일에 새로운 메타레이어 추가

TIP

> bitbake-layers 도구는 기본적으로 레이어 우선순위 6으로 레이어를 생성한다. 매개변수를 사용해
> 우선순위를 사용자 지정할 수 있다.

마지막 명령은 그림 12.3과 같이 레이어를 생성한다.

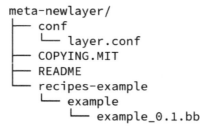

```
meta-newlayer/
├── conf
│   └── layer.conf
├── COPYING.MIT
├── README
└── recipes-example
    └── example
        └── example_0.1.bb
```

그림 12.3 새로운 메타레이어 레이아웃

새로운 메타레이어의 기본 레이어 설정 파일은 레이어를 작동시키기 위한 최소한
의 설정이다. 그러나 나중에 필요한 설정을 포함하도록 사용자 지정할 수 있다.

그림 12.4는 여기서 생성한 새로운 메타레이어의 기본 conf/layer.conf 내용을 보여
준다.

```
 1 # We have a conf and classes directory, add to BBPATH
 2 BBPATH .= ":${LAYERDIR}"
 3
 4 # We have recipes-* directories, add to BBFILES
 5 BBFILES += "${LAYERDIR}/recipes-*/*/*.bb \
 6               ${LAYERDIR}/recipes-*/*/*.bbappend"
 7
 8 BBFILE_COLLECTIONS += "meta-newlayer"
 9 BBFILE_PATTERN_meta-newlayer = "^${LAYERDIR}/"
10 BBFILE_PRIORITY_meta-newlayer = "6"
11
12 LAYERDEPENDS_meta-newlayer = "core"
13 LAYERSERIES_COMPAT_meta-newlayer = "kirkstone"
```

그림 12.4 meta-newlayer/conf/layer.conf의 기본 설정

추가하거나 변경해야 할 수 있는 일반적안 몇 가지 변수는 LAYERVERSION과 LAYERDEPENDS다. 한 레이어가 작동하기 위해 다른 레이어가 필요한 경우 유용하다. 두 변수 이름 뒤에 다음과 같이 레이어 이름을 붙여야 한다.

- **LAYERVERSION:** 레이어의 버전을 하나의 숫자로 지정하는 선택적 변수다. 특정 레이어 버전에 의존하기 위해 LAYERDEPENDS 변수 내에서 사용된다(예: `LAYERVERSION_meta-newlayer = "1"`).

- **LAYERDEPENDS:** 레시피가 종속된 레이어가 공백으로 구분돼 나열된다. 예를 들어 LAYERDEPENDS_meta-newlayer += "meta-otherlayer:2"로 meta-otherlayer 버전 2에 대한 의존성을 추가할 수 있다.

의존성을 충족할 수 없거나 버전 번호가 일치하지 않으면 오류가 발생한다. 이제 레이어 구조의 기본이 만들어졌다. 다음 절에서는 이를 확장하는 방법을 알아본다.

⠿ 레이어에서 메타데이터 추가

레이어 메타데이터는 새로운 소프트웨어를 추가하거나 기존 메타데이터에 기능을 추가하고 수정하는 2가지 목적을 달성할 수 있다.

새 레이어에 레시피, 이미지, bbappend 파일 등 여러 메타데이터를 포함할 수 있다. `meta-yocto-bsp`와 `meta-yocto`에 bbappend 파일의 몇 가지 예가 있다. 13장에서 몇 가지 일반적인 용도를 살펴본다.

다음 절에서는 레이어 메타데이터에 대한 몇 가지 일반적인 수정 사항을 살펴본다.

이미지 생성

이미지 파일은 본질적으로 목적에 따라 그룹화되고 제어된 방식으로 설정된 패키지 집합이다. 이미지를 처음부터 새로 만들거나 기존 이미지를 재사용하고 필요한 패키지를 추가해 이미지를 만들 수 있다.

가능하면 기존 이미지를 재사용해 코드 유지 보수를 더 쉽게 관리하고 기능적 차이점을 강조해야 한다. 예를 들어 애플리케이션을 포함하면서 `core-image-full-cmdline` 이미지 파일에서 이미지 기능을 제거하고 싶을 수 있다. 이 경우 그림 12.5의 코드 라인을 사용해 recipes-mine/images/my-image-full-cmdline.bb 파일에 이미지를 만들 수 있다.

```
1 require recipes-extended/images/core-image-full-cmdline.bb
2
3 IMAGE_FEATURES:remove = "splash"
4 CORE_IMAGE_EXTRA_INSTALL += "myapp"
```

그림 12.5 my-image-full-cmdline.bb의 내용

`core-image` 클래스는 일반적으로 사용되는 유용한 기능의 빌딩 블록을 제공하는 이미지 기능을 제공하며, 이미지를 처음부터 새로 만들 때 사용한다. 예를 들어 recipes-mine/images/my-image-strace.bb 파일에 다음과 같은 이미지를 만들 수 있다.

```
1 inherit core-image
2
3 IMAGE_FEATURES += "ssh-server-openssh splash"
4 CORE_IMAGE_EXTRA_INSTALL += "strace"
```

그림 12.6 my-image-strace.bb의 내용

CORE_IMAGE_EXTRA_INSTALL은 **core-image** 클래스를 상속할 때 이미지에 추가 패키지를 포함하기 위해 사용해야 하는 변수로, 이미지 생성을 용이하게 한다. 이 클래스는 코드 중복을 방지하는 IMAGE_FEATURES 변수에 대한 지원을 추가한다.

현재 지원되는 이미지 기능^{Image Features}은 다음과 같으며, 이는 Yocto 프로젝트 레퍼런스 매뉴얼의 'Image Features' 절(https://docs.yoctoproject.org/4.0.4/ref-manual/features.html#image-features)에 자세히 설명돼 있다.

- **allow-empty-password**: Dropbear와 OpenSSH에서 빈 암호를 사용해 **root** 계정으로 로그인할 수 있게 허용한다.
- **allow-root-login**: Dropbear와 OpenSSH에서 **root** 계정으로 로그인을 할 수 있게 허용한다.
- **dbg-pkgs**: 이미지에 설치된 모든 패키지의 디버그 심볼 패키지를 설치한다.
- **debug-tweaks**: 이미지를 개발에 적합하게 만든다(예: root 로그인 허용, 비밀번호 없이 로그인(root 포함), 설치 후 로깅 활성화).
- **dev-pkgs**: 지정된 이미지에 설치된 모든 패키지에 대한 개발 패키지(헤더, 추가 라이브러리 링크)를 설치한다.
- **doc-pkgs**: 지정된 이미지에 설치된 모든 패키지에 대한 문서를 설치한다.
- **empty-root-password**: 비밀번호 없이 **root** 로그인을 허용하려면 이 기능 또는 **debug-tweaks**가 필요하다.

- **hwcodecs**: 하드웨어 가속 코덱을 설치한다.
- **lic-pkgs**: 지정된 이미지에 설치된 모든 패키지에 대한 라이선스 패키지를 설치한다.
- **nfs-server**: NFS 서버를 설치한다.
- **overlayfs-etc**: /etc 디렉터리가 오버레이에 있게 설정한다. 이렇게 하면 특히 루트 파일 시스템이 읽기 전용으로 구성된 경우 장치별 정보를 다른 곳에 저장할 수 있다.
- **package-management**: 패키지 관리 도구를 설치하고 패키지 관리 데이터베이스를 보존한다.
- **perf**: perf, systemtap, LTTng와 같은 프로파일링 도구를 설치한다.
- **post-install-logging**: 타깃 시스템에서 이미지를 처음 부팅할 때 /var/log/postinstall.log 파일에 설치 후 스크립트 실행을 기록할 수 있다.
- **ptest-pkgs**: ptest가 활성화된 모든 레시피에 대해 ptest 패키지를 설치한다.
- **read-only-rootfs**: 루트 파일 시스템이 읽기 전용인 이미지를 만든다.
- **read-only-rootfs-delayed-postinsts**: read-only-rootfs와 함께 지정하면 설치 후 스크립트가 계속 허용되도록 지정한다.
- **serial-autologin-root**: 빈 root 비밀번호와 함께 지정하면 시리얼 콘솔에서 자동으로 root로 로그인한다.
- **splash**: 부팅하는 동안 스플래시 화면을 표시할 수 있다. 기본적으로 이 화면은 사용자 지정이 가능한 psplash에서 제공되며 사용자 지정할 수 있다.
- **ssh-server-dropbear**: Dropbear SSH 서버를 설치한다.
- **ssh-server-openssh**: Dropbear보다 더 많은 기능을 갖춘 OpenSSH SSH 서버를 설치한다. IMAGE_FEATURES에 OpenSSH SSH 서버와 Dropbear SSH 서버가 모두 있는 경우 OpenSSH가 우선적으로 설치되고 Dropbear는 설치되지 않는다.
- **stateless-rootfs**: 이미지를 상태 비저장 상태로 생성하도록 지정한다.

systemd를 사용하는 경우 systemctl-native가 이미지에서 실행되지 않고 런타임에 systemd가 이미지를 채우게 한다.

- **staticdev-pkgs**: 지정된 이미지에 설치된 모든 패키지에 대해 정적 라이브러리(예: *.a 파일)인 정적 개발 패키지를 설치한다.

- **tools-debug**: strace와 gdb 같은 디버깅 도구를 설치한다.

- **tools-sdk**: 디바이스에서 실행되는 전체 SDK를 설치한다.

- **tools-testapps**: 디바이스 테스트 도구를 설치한다(예, 터치스크린 디버깅).

- **weston**: (Wayland의 레퍼런스인) Weston을 설치한다.

- **x11-base**: 최소한의 환경으로 X 서버를 설치한다.

- **x11**: X 서버를 설치한다.

- **x11-sato**: 오픈핸드 Sato 환경을 설치한다.

패키지 레시피 추가

포키에는 Autotools, CMake, Meson을 기반으로 가장 일반적인 개발 도구의 프로세스를 프로젝트로 추상화하는 여러 클래스가 포함돼 있다. 패키지 레시피는 애플리케이션, 커널 모듈 또는 프로젝트에서 제공하는 모든 소프트웨어에서 다운로드, 압축 풀기, 패치, 설정, 컴파일, 설치 작업을 수행하도록 비트베이크에 지시하는 방법이다. 또한 포키에 포함된 클래스 목록은 Yocto 프로젝트 레퍼런스 매뉴얼의 'Classes' 절(https://docs.yoctoproject.org/4.0.4/ref-manual/classes.html)에서 확인할 수 있다.

컴파일 및 설치 작업을 명시적으로 실행하는 간단한 레시피는 그림 12.7과 같다.

```
 1 DESCRIPTION = "Simple helloworld application"
 2 SECTION = "examples"
 3 LICENSE = "MIT"
 4 LIC_FILES_CHKSUM = "file://${COMMON_LICENSE_DIR}/MIT;md5=0835ade698e0bcf8506ecda2f7b4f302"
 5
 6 SRC_URI = "file://helloworld.c"
 7
 8 S = "${WORKDIR}"
 9
10 do_compile() {
11     ${CC} helloworld.c -o helloworld
12 }
13
14 do_install() {
15     install -D -m 0755 helloworld ${D}${bindir}/helloworld
16 }
```

그림 12.7 helloworld 레시피

do_compile 및 do_install 코드 블록은 결과 바이너리를 빌드하고 ${D}로 참조되는 타깃 디렉터리에 설치하기 위한 셸 스크립트 명령을 제공하며, 이는 설치 디렉터리를 build/tmp/work/ 디렉터리 내의 경로로 재배치하는 것을 목표로 한다. autotools 기반 프로젝트에서 작업 중이라고 가정해보자. 그렇다면 그림 12.8과 같이 poky/meta/recipes-core/dbus-wait/dbus-wait_git.bb 파일의 레시피에서 추출한 예제에서 autotools 클래스를 사용하면 많은 코드 중복을 피할 수 있다.

```
 1 SUMMARY = "A simple tool to wait for a specific signal over DBus"
 2 HOMEPAGE = "http://git.yoctoproject.org/cgit/cgit.cgi/dbus-wait"
 3 DESCRIPTION = "${SUMMARY}"
 4 SECTION = "base"
 5 LICENSE = "GPL-2.0-only"
 6 LIC_FILES_CHKSUM = "file://COPYING;md5=b234ee4d69f5fce4486a80fdaf4a4263"
 7
 8 DEPENDS = "dbus"
 9
10 SRCREV = "6cc6077a36fe2648a5f993fe7c16c9632f946517"
11 PV = "0.1+git${SRCPV}"
12 PR = "r2"
13
14 SRC_URI = "git://git.yoctoproject.org/${BPN};branch=master"
15 UPSTREAM_CHECK_COMMITS = "1"
16
17 S = "${WORKDIR}/git"
18
19 inherit autotools pkgconfig
```

그림 12.8 poky/meta/recipes-core/dbus-wait/dbus-wait_git.bb 내용

19번 줄의 `autotools` 클래스를 상속하는 간단한 작업은 다음 작업을 수행하는 데 필요한 모든 코드를 제공하는 것이다.

- `configure` 스크립트 코드와 결과물 업데이트
- `libtool` 스크립트 업데이트
- `configure` 스크립트 실행
- `make` 실행
- `make install` 실행

다른 빌드 도구에도 동일한 개념이 적용되며 CMake와 Meson의 경우도 마찬가지다. 또한 새로운 빌드 시스템을 지원하고 코드 중복을 방지하기 위해 매 릴리스마다 지원되는 클래스의 수가 증가하고 있다.

devtool을 사용해 기본 패키지 레시피 자동 생성

9장의 '외부 깃 저장소를 사용한 레시피 생성' 절에서 살펴본 대로 **devtool**은 그림 12.9의 명령을 사용해 기존 프로젝트를 기반으로 레시피를 만드는 프로세스를 자동화한다.

```
$ devtool add https://github.com/OSSystems/bbexample
```
그림 12.9 bbexample에 대한 레시피를 만드는 명령

백그라운드에서 **devtool**은 `recipetool`을 실행해 레시피를 생성하고 모든 사전 구축된 정보를 새 레시피 파일에 자동으로 구성한다. 최종 결과는 **devtool**이 관리하는 레이어인 작업 디렉터리에 저장된다. 레시피 파일을 타깃 레이어에 복사하려면 그림 12.10과 같이 **devtool** 명령을 사용하면 된다.

```
$ devtool finish bbexample ../meta-newlayer/
NOTE: Starting bitbake server...
Loading cache: 100% |##########################################| Time: 0:00:00
Loaded 2784 entries from dependency cache.
Parsing recipes: 100% |########################################| Time: 0:00:00
Parsing of 1746 .bb files complete (1745 cached, 1 parsed). 2785 targets, 77 skipped,
0 masked, 0 errors.
INFO: Updating SRCREV in recipe bbexample_git.bb
INFO: Moving recipe file to /home/user/yocto/poky/meta-newlayer/recipes-bbexample/bbexample
INFO: Leaving source tree /home/user/yocto/poky/build/workspace/sources/bbexample as-is;
if you no longer need it then please delete it manually
```

그림 12.10 meta-newlayer로 bbexample 레시피를 배포하는 명령

생성된 meta-newlayer/recipes-bbexample/bbexample/bbexample_git.bb 파일은
그림 12.11에 나와 있다.

```
 1 # Recipe created by recipetool
 2 # This is the basis of a recipe and may need further editing in order to be fully functional.
 3 # (Feel free to remove these comments when editing.)
 4
 5 # WARNING: the following LICENSE and LIC_FILES_CHKSUM values are best guesses - it is
 6 # your responsibility to verify that the values are complete and correct.
 7 LICENSE = "MIT"
 8 LIC_FILES_CHKSUM = "file://LICENSE;md5=96af5705d6f64a88e035781ef00e98a8"
 9
10 SRC_URI = "git://github.com/OSSystems/bbexample;protocol=https;branch=master"
11
12 # Modify these as desired
13 PV = "0.1+git${SRCPV}"
14 SRCREV = "ece3cef9abc95cb77c931f9f27860102e43cc1d9"
15
16 S = "${WORKDIR}/git"
17
18 # NOTE: if this software is not capable of being built in a separate build directory
19 # from the source, you should replace autotools with autotools-brokensep in the
20 # inherit line
21 inherit autotools
22
23 # Specify any options you want to pass to the configure script using EXTRA_OECONF:
24 EXTRA_OECONF = ""
```

그림 12.11 bbexample_git.bb 내용

devtool로 기본 레시피를 만든 후 이를 최종 레시피로 사용해서는 안 된다. 컴파일
옵션, 추가 메타데이터 정보 등을 확인해야 한다.

신규 머신 추가

포키에서 사용할 새 머신을 만드는 것은 간단한 작업이지만 쉽게 생각해서는 안
된다. BSP 계층에서 지원해야 하는 기능 집합에 따라 부트로더, 커널 및 하드웨어

지원 드라이버를 확인하는 작업이 포함될 수 있다.

Yocto 프로젝트는 현재 가장 많이 사용되는 임베디드 아키텍처인 ARM, ARM64, x86, x86-64, PowerPC, PowerPC 64, MIPS, MIPS64, RISC-V 32, RISC-V 64를 지원한다.

머신 정의에 사용되는 일반적인 변수 집합은 다음과 같다.

- **TARGET_ARCH:** 머신 아키텍처를 설정한다(예: ARM, x86-64).
- **PREFERRED_PROVIDER_virtual/kernel:** 특정 커널을 사용해야 하는 경우 기본 커널(linux-yocto)을 재정의한다.
- **SERIAL_CONSOLES:** 시리얼 콘솔과 속도를 정의한다.
- **MACHINE_FEATURES:** 하드웨어 기능에 대한 설명이므로 필요한 소프트웨어 스택은 기본적으로 이미지에 포함돼 있다.
- **KERNEL_IMAGETYPE:** 커널 이미지 유형을 선택하게 한다(예: bzImage, Image).
- **IMAGE_FSTYPES:** 생성된 파일 시스템 이미지 유형을 설정한다(예: tar.bz, ext4, ubifs).

포키 소스코드의 meta-yocto-bsp/conf/machine/ 디렉터리에서 머신 정의 파일의 예를 볼 수 있다. 새 머신을 설명할 때는 MACHINE_FEATURES에서 해당 머신이 지원하는 특정 기능에 특히 주의를 기울여야 한다. 이렇게 하면 이러한 기능을 지원하는 데 필요한 소프트웨어가 이미지에 설치된다. 현재 MACHINE_FEATURES에 사용할 수 있는 값은 다음과 같다.

- **acpi:** 이 하드웨어는 ACPI(x86/x86-64만)를 갖고 있다.
- **alsa:** 이 하드웨어는 ALSA 오디오 드라이버를 갖고 있다.
- **apm:** 이 하드웨어는 APM이나 APM 에뮬레이션을 사용한다.
- **bluetooth:** 이 하드웨어는 통합된 블루투스를 갖고 있다.
- **efi:** EFI를 통해 부팅을 지원한다.
- **ext2:** 이 하드웨어는 HDD 또는 마이크로 드라이브를 갖고 있다.

- **keyboard**: 이 하드웨어는 키보드를 갖고 있다.
- **numa**: 이 하드웨어는 불균일 기억 장치 접근^{non-uniform memory access}을 갖고 있다.
- **pcbios**: BIOS를 통해 부팅을 지원한다.
- **pci**: 이 하드웨어는 PCI 버스를 갖고 있다.
- **pcmcia**: 이 하드웨어는 PCMCIA 또는 컴팩트플래시 소켓을 갖고 있다.
- **phone**: 모바일 폰(음성)을 지원한다.
- **qemu-usermode**: QEMU는 이 머신을 위해 사용자 모드 에뮬레이션을 지원할 수 있다.
- **qvga**: 이 머신은 QVGA(320×240) 디스플레이를 갖고 있다.
- **rtc**: 이 머신은 실시간 클록을 갖고 있다.
- **screen**: 이 하드웨어는 스크린을 갖고 있다.
- **serial**: 이 하드웨어는 시리얼(일반적으로 RS232)을 지원한다.
- **touchscreen**: 이 하드웨어는 터치스크린을 갖고 있다.
- **usbhadget**: 이 하드웨어는 USB 호스트 모드를 지원한다.
- **vfat**: FAT 파일 시스템을 지원한다.
- **wifi**: 이 하드웨어는 통합 와이파이를 갖고 있다.

머신에 이미지 배치

머신에 바로 사용할 수 있는 이미지를 생성하는 것은 모든 BSP 지원 레이어 개발의 마지막 단계에서 다뤄야 한다. 이미지 유형은 프로세서, 보드에 포함된 주변 장치 및 프로젝트 제한 사항에 따라 달라진다.

파티션을 가진 이미지는 스토리지에서 가장 자주 사용되는 이미지다. Yocto 프로젝트에는 이 이미지를 생성하는 유연한 방법을 제공하는 **wic**라는 도구가 있다. 이 도구를 사용하면 타깃 이미지 레이아웃을 설명하는 공통 언어로 작성된 템플릿 파일(.wks)을 기반으로 파티션 이미지를 생성할 수 있다. 언어 정의는 Yocto 프로젝트 레퍼런스 매뉴얼의 'OpenEmbedded Kirkstart(.wks) Reference' 절(https://docs.yoctoproject. org/4.0.4/ref-manual/kickstart.html#openembedded-kickstart-wks-reference)에서 확인할 수 있다.

.wks 파일은 wic 디렉터리 안의 레이어에 배치된다. 이 디렉터리에 여러 개의 파일을 넣어 서로 다른 이미지 레이아웃을 지정하는 것이 일반적이다. 그러나 선택한 구조가 머신과 일치해야 한다는 점을 기억해야 한다. 예를 들어 부팅 파일용 파티션과 rootfs용 파티션이 2개 있는 SD 카드에서 U-Boot를 사용해 부팅하는 i.MX 기반 머신의 사용을 고려하는 경우다. 각각의 .wks 파일은 그림 12.12와 같다.

```
1 # short-description: Create SD card image with a boot partition
2 # long-description:
3 # Create an image that can be written onto a SD card using dd for use
4 # with i.MX SoC family
5 # It uses u-boot
6 #
7 # The disk layout used is:
8 #  - --------- -------------
9 # | | u-boot  |    rootfs   |
10 #  - --------- -------------
11 # ^ ^         ^             ^
12 # | |         |             |
13 # 0 1kiB   4MiB + rootfs + IMAGE_EXTRA_SPACE (default 10MiB)
14 #
15 part u-boot --source rawcopy --sourceparams="file=u-boot.imx" --ondisk mmcblk --no-table --align 1
16 part / --source rootfs --ondisk mmcblk --fstype=ext4 --label root --align 4096
17
18 bootloader --ptable msdos
```

그림 12.12 SPL을 사용하는 i.MX 장치에 대한 .wks 파일 예제

wic 기반 이미지 생성을 활성화하려면 IMAGE_FSTYPES에 wic를 추가하면 된다. 또한 WKS_FILE 변수를 설정해 사용할 .wks 파일을 정의할 수도 있다.

커스텀 배포판

배포판을 생성하는 것은 단순함과 복잡함이 혼합된 작업이다. 배포 파일을 생성하는 것은 간단하지만 포키의 동작에 상당한 영향을 미친다. 옵션에 따라 이전에 빌드한 바이너리와 바이너리 비호환성이 발생할 수 있다.

배포판은 툴체인 버전, 그래픽 백엔드, OpenGL 지원과 같은 전역 옵션을 정의하는 곳이다. 포키에서 제공하는 기본 설정이 요구 사항을 충족하지 못하는 경우에만

배포를 만들어야 한다.

일반적으로 포키에서 작은 옵션 집합을 변경하려고 한다. 예를 들어 X11 지원을 제거하고 대신 프레임 버퍼를 사용한다. 포키 배포판을 재사용하고 필요한 변수를 재정의하면 쉽게 이 작업을 수행할 수 있다. 예를 들어 <layer>/conf/distro/my-distro.conf 파일로 표시되는 샘플 배포판은 그림 12.13과 같다.

```
 1 require conf/distro/poky.conf
 2
 3 DISTRO = "my-distro"
 4 DISTRO_NAME = "my-distro (My New Distro)"
 5 DISTRO_VERSION = "1.0"
 6 DISTRO_CODENAME = "codename"
 7 SDK_VENDOR = "-mydistrosdk"
 8 SDK_VERSION := "${@'${DISTRO_VERSION}'.replace('snapshot-${DATE}','snapshot')}"
 9
10 MAINTAINER = "my-distro <my-distro@mycompany.com>"
11
12 DISTRO_FEATURES:remove = "wayland vulkan opengl"
```

그림 12.13 커스텀 배포판 파일 예제

생성한 배포판을 사용하려면 build/conf/local.conf 파일에 그림 12.14의 코드를 추가해야 한다.

```
DISTRO = "my-distro"
```

그림 12.14 build/conf/local.conf에 DISTRO를 설정하는 코드

예를 들어 어떤 머신과 이미지에서 사운드를 사용하려면 alsa 기능이 있어야 하는 것처럼 DISTRO_FEATURES 변수는 레시피 구성과 이미지에 패키지가 설치되는 방식에 영향을 줄 수 있다. 다음 목록은 Yocto 프로젝트 레퍼런스 매뉴얼의 'Distro Features' 절(https://docs.yoctoproject.org/4.0.4/ref-manual/features.html#distro-features)에 자세히 설명된 대로 DISTRO_FEATURES가 지원하는 값의 현재 상태를 보여준다.

- **3g:** 셀룰러 데이터를 지원한다.
- **acl:** 접근 제어 목록을 지원한다.
- **alsa:** 고급 리눅스 사운드 아키텍처를 지원한다(가능하면 OSS 호환 커널 모듈을 설치한다).

- **api-documentation**: 레시피 빌드 중 API 문서 생성을 활성화한다.
- **bluetooth**: 블루투스(통합된 것만)를 지원한다.
- **cramfs**: CramFS를 지원한다.
- **debuginfod**: debuginfod 서버를 통해 ELF 디버깅 정보 가져오기를 지원한다.
- **ext2**: 플래시 전용 장치 대신 파일을 저장할 수 있는 내장 HDD/마이크로 드라이브가 있는 장치를 지원하는 도구가 포함돼 있다.
- **gobject-introspection-data**: GObject introspection 지원을 위한 데이터가 있다.
- **ipsec**: IPSec을 지원한다.
- **ipv4**: IPv4를 지원한다.
- **ipv6**: IPv6를 지원한다.
- **keyboard**: 키보드를 지원한다.
- **ldconfig**: 타깃에서 `ldconfig`와 `ld.so.conf`를 지원한다.
- **ld-is-gold**: 표준 GNU 링커(bfd 링커) 대신 gold 링커를 사용한다.
- **lto**: 링크 타임 최적화를 활성화한다.
- **multiarch**: 여러 아키텍처를 지원하는 애플리케이션을 구축할 수 있다.
- **nfc**: NFC[Near Field Communication]를 지원한다.
- **nfs**: NFS 클라이언트를 지원한다.
- **nls**: NLS[Native Language Support]를 지원한다.
- **opengl**: 2차원 및 3차원 그래픽을 렌더링하는 데 사용되는 다국어, 멀티플 랫폼 API인 오픈 그래픽 라이브러리를 포함한다.
- **overlayfs**: OverlayFS를 지원한다.
- **pam**: PAM[Pluggable Authentication Module]을 지원한다.
- **pci**: PCI 버스를 지원한다.
- **polkit**: Polkit을 지원한다.
- **ppp**: PPP 다이얼을 지원한다.
- **ptest**: 개별 레시피에서 지원하던 패키지 테스트를 빌드할 수 있다.

- **pulseaudio**: PulseAudio를 지원한다.
- **seccomp**: 애플리케이션에서 호출할 수 있는 시스템 호출을 엄격하게 제한할 수 있게 **seccomp**를 지원하는 애플리케이션을 빌드할 수 있다.
- **selinux**: SELinux^{Security-Enhanced Linux}를 지원한다(meta-selinux – 레이어 필요).
- **smbfs**: SMB 네트워크 클라이언트를 지원한다.
- **systemd**: 서비스 병렬 시작, 셸 오버헤드 감소 및 기타 기능을 통해 초기화를 완전히 대체하는 이 초기화 관리자를 지원한다.
- **usbgadget**: USB 가젯 디바이스를 지원한다.
- **usbhost**: USB 호스트 모드를 지원한다.
- **usrmerge**: 패키지 및 애플리케이션 호환성을 향상시키기 위해 /bin, /sbin, /lib, /lib64 디렉터리를 /usr 디렉터리의 해당 디렉터리로 병합한다.
- **vfat**: FAT 파일 시스템을 지원한다.
- **vulkan**: 벌칸 API를 지원한다.
- **wayland**: Wayland 디스플레이 서버 프로토콜 및 이를 지원하는 라이브러리를 포함한다.
- **wifi**: 와이파이(통합된 것만)를 지원한다.
- **x11**: X 서버와 라이브러리를 포함한다.
- **xattr**: 확장 파일 속성을 지원한다.
- **zeroconf**: zero 설정 네트워킹을 지원한다.

MACHINE_FEATURES와 DISTRO_FEATURES 비교

DISTRO_FEATURES와 MACHINE_FEATURES 변수는 최종 시스템에 적합한 지원을 제공하고자 함께 작동한다. 머신이 특정 기능을 지원한다고 해서 타깃 시스템이 그 기능을 지원한다는 의미는 아니다. 배포판이 해당 기능을 제공해야 하기 때문이다.

예를 들어 머신은 와이파이를 지원하지만 배포판은 지원하지 않는 경우 운영체제에서 사용하는 애플리케이션은 와이파이 지원이 비활성화된 상태로 빌드되므로 결과적으로 와이파이가 지원되지 않는 시스템이 된다. 반면에 배포판은 와이파이를 지원하지만 머신이 와이파이를 지원하지 않는 경우 와이파이에 필요한 모듈과 애플리케이션은 이 머신용으로 빌드된 이미지에 설치되지 않는다. 그러나 운영체제 및 해당 모듈은 와이파이를 지원한다.

⠿ 변수의 범위

비트베이크 메타데이터에는 수천 개의 변수가 있지만, 이러한 변수를 사용할 수 있는 범위는 변수가 정의된 위치에 따라 다르다. 변수는 다음과 같이 2가지 종류가 있다.

- 설정 파일에 정의된 변수는 모든 레시피에 전역으로 적용되며 설정 메타데이터라고도 한다. 기본 설정 파일의 파싱 순서는 다음과 같다.
  - build/conf/local.conf
  - <layer>/conf/machines/<machine>.conf
  - <layer>/conf/distro/<distro>.conf
- 레시피 파일 내에 정의된 변수는 해당 작업을 실행하는 동안에만 특정 레시피에 국한되는 레시피 가시성 범위를 갖는다.

⠿ 정리

12장에서는 새 레이어와 메타데이터를 생성하는 방법을 살펴봤다. 먼저 머신 설정, 배포판 정의 및 레시피 파일을 만드는 방법을 알아봤다. 그런 다음 이미지를 만들고 이미지에 애플리케이션을 포함하는 방법을 살펴봤다.

13장에서는 기존 패키지 수정, autoconf에 옵션 추가, 새 패치 적용, 패키지에 새

파일 포함 등 추가 레이어에서 사용하는 가장 일반적인 커스터마이징 사례의 몇 가지 예를 알아본다. 임베디드 시스템을 만들 때 일반적으로 커스터마이징하는 2가지 패키지인 BusyBox와 linux-yocto를 설정하는 방법을 살펴본다.

13

레시피 커스터마이즈

Yocto 프로젝트의 도구로 작업하는 과정에서 기존 레시피를 사용자 정의해야 할 때가 있다. 13장에서는 컴파일 옵션 변경, 레시피의 기능 활성화 또는 비활성화, 추가 패치 적용, 설정 조각을 사용해 일부 레시피를 사용자 정의하는 등의 몇 가지 예를 살펴본다.

일반적인 사용 사례

요즘 프로젝트에는 일반적으로 필요한 기능을 제공하기 위한 일련의 레이어가 있다. 이러한 레이어 위에 특정 요구 사항에 맞게 변경을 가해야 한다. 외형적인 변경일 수도 있고 실질적인 변경일 수도 있지만 변경하는 방식은 동일하다.

프로젝트 레이어에 있는 기존 레시피를 변경하려면 .bbappend 파일을 만들어야 한다. 예를 들어 원본 레시피의 이름이 〈원본 레이어〉/recipes-core/app/app_1.2.3.bb라고 가정해보자. .bbappend 파일을 만들 때 % 와일드카드 문자를 사용해 레시피 이름을 일치시킬 수 있다. 따라서 .bbappend 파일은 다음과 같은 다양한 형태를 가질 수 있다.

- **app_1.2.3.bbappend**: 1.2.3 버전에만 변경 사항이 적용된다.
- **app_1.2.%.bbappend**: 1.2.y 버전에만 변경 사항이 적용된다.
- **app_1.%.bbappend**: 1.x와 1.x.y 버전에만 변경 사항이 적용된다.
- **app_%.bbappend**: 모든 버전에 변경 사항이 적용된다.

app 레시피에 적용하려는 변경 사항에 따라 여러 개의 .bbappend 파일을 가질 수 있다. 변경 사항을 하나의 버전으로 제한할 수도 있지만 사용 가능한 모든 레시피를 변경하고 싶을 때도 있다.

NOTE

> 레시피에 대한 .bbappend 파일이 2개 이상 있는 경우 레이어의 우선순위에 따라 모든 파일이 결합된다.

.bbappend 파일은 원본 레시피 끝에 추가된 텍스트로 볼 수 있다. 이 파일을 사용하면 프로젝트의 레이어에 필요한 변경 사항을 적용하기 위해 소스코드 중복을 피할 수 있는 매우 유연한 메커니즘을 사용할 수 있다.

태스크 확장

태스크 내용이 요구 사항을 충족하지 않으면 그것을 대체하거나(구현을 제공) 추가한다. 8장에서 비트베이크 메타데이터 구문을 자세히 살펴봤지만 :append 및 :prepend 는 추가적으로 작업을 확장할 수 있다. 예를 들어 do_install 작업을 확장하려면 그림 13.1의 코드를 사용할 수 있다.

```
1 do_install:append() {
2     # Do my commands
3 }
```

그림 13.1 do_install 태스크를 확장하는 예제

이렇게 하면 새로운 내용이 원래 태스크에서 연결된다.

Autoconf 사용 레시피에 추가 옵션 적용

Autotools 기반 애플리케이션과 이에 대한 기존 레시피가 있으며 다음을 수행하려고 한다고 가정해보자.

- my-feature 활성화
- another-feature 비활성화

변경할 .bbappend 파일의 내용은 그림 13.2와 같다.

```
1 EXTRA_OECONF += "--enable-my-feature --disable-another-feature"
```

그림 13.2 Autoconf 플래그에 설정 추가

구축 중인 하드웨어에 따라 조건부로 사용하도록 설정해야 하는 경우에도 그림 13.3과 같이 동일한 전략을 사용할 수 있다.

```
1 EXTRA_OECONF:append:arm = " --enable-my-arm-feature"
```

그림 13.3 Autoconf 플래그에 조건적으로 설정을 추가

Yocto 프로젝트는 다양한 빌드 시스템을 지원하며, 이를 구성하는 변수는 표 13.1에 나와 있다.

표 13.1 각 빌드 시스템을 설정하는 변수 목록

빌드 시스템	변수
Autotools	EXTRA_OECONF
Cargo	EXTRA_OECARGO
CMake	EXTRA_OECMAKE

(이어짐)

빌드 시스템	변수
Make	EXTRA_OEMAKE
Meson	EXTRA_OEMESON
NPM	EXTRA_OENPM
SCons	EXTRA_OESCONS
WAF	EXTRA_OEWAF

표 13.1에 있는 변수는 각 빌드 시스템에 대한 인수로 주어진다.

⁘ 패치 적용

기존 패키지에 패치를 적용해야 하는 경우에는 그림 13.4와 같이 검색 알고리듬에 새 디렉터리를 포함해 추가 파일을 비트베이크에서 볼 수 있게 하는 FILESEXTRAPATHS 를 사용해야 한다.

```
1 FILESEXTRAPATHS:prepend := "${THISDIR}/${PN}-${PV}:"
2 SRC_URI += "file://mypatch.patch"
```

그림 13.4 mypatch.patch를 적용하는 .bbappend 파일 내용

그림 13.4에서 THISDIR은 현재 디렉터리로 확장되고, PN과 PV는 각각 패키지 이름과 버전으로 확장된다. 그러면 이 새 경로가 파일 검색에 사용되는 디렉터리 목록에 포함된다. 앞에 붙이는 연산자는 나중에 같은 이름의 파일이 더 낮은 우선순위 계층에 추가되더라도 이 디렉터리에서 파일이 선택되도록 보장하기 때문에 매우 중요하다.

비트베이크는 확장자가 .patch 또는 .diff인 모든 파일을 패치로 간주하고 그에 따라 적용된다.

기존 패키지에 추가 파일 적용

추가 설정 파일을 포함해야 하는 경우 이전 예제에서 설명하고 그림 13.5의 코드 줄에 표시된 대로 FILESEXTRAPATHS를 사용해야 한다.

```
1 FILESEXTRAPATHS:prepend := "${THISDIR}/${PN}-${PV}:"
2 SRC_URI += "file://newconfigfile.conf"
3
4 do_install:append() {
5     install -D -m 644 ${WORKDIR}/newconfig.conf \
6                       ${D}${sysconfdir}/newconfig.conf
7 }
```

그림 13.5 새로운 설정 파일을 설치하기 위한 .bbappend 내용

do_install:append 함수는 원래 do_install 함수에서 이미 사용할 수 있는 메타데이터 아래에 제공된 블록을 추가한다. 여기에는 새 설정 파일을 패키지의 파일 시스템에 복사하는 명령이 포함돼 있다. 이 파일은 ${WORKDIR}에서 ${D}로 복사되는데, 이는 포키가 패키지를 빌드하는 데 사용하는 디렉터리와 패키지를 생성하는 데 사용하는 타깃 디렉터리이기 때문이다.

레시피에는 경로를 정의하는 변수가 많은데, bindir, datadir, sysconfdir 등 일반적으로 사용되는 모든 변수를 정의하는 파일은 poky/meta/conf/bitbake.conf 파일에 있다. 이러한 변수가 존재하므로 사용 사례에 따라 바이너리의 설치 경로를 사용자 지정할 수 있다. 예를 들어 네이티브 SDK 바이너리에는 특정 설치 경로가 필요하므로 바이너리가 타깃 바이너리와 충돌하지 않게 할 수 있다.

표 13.2에는 가장 일반적인 변수와 해당 변수의 기본 확장 값이 나와 있다.

표 13.2 일반적인 변수와 기본 확장 값 목록

변수	기본 확장 값
base_bindir	/bin
base_sbindir	/sbin
sysconfdir	/etc
localstatedir	/var
datadir	/usr/share
bindir	/usr/bin
sbindir	/usr/sbin
libdir	/usr/lib 또는 /usr/lib64
libexecdir	/usr/libexec
includedir	/usr/include

레시피에서 하드 코딩된 경로 사용을 피해야 설정 오류의 위험을 줄일 수 있다. 예를 들어 usrmerge DISTRO_FEATURE를 사용할 때 백그라운드에서 모든 레시피가 base_bindir을 bindir로 설정하므로 레시피에서 /bin을 하드 코딩된 경로로 사용하면 설치가 예상대로 이뤄지지 않는다.

파일 탐색 경로

파일(패치 또는 일반 파일)이 SRC_URI에 포함되면 비트베이크는 FILESPATH 및 FILESEXTRAPATH 변수를 검색한다. 기본 설정은 다음 위치에서 찾는 것이다.

1. <recipe>-<version>/
2. <recipe>/
3. files/

이 외에도 각 디렉터리에서 재정의할 특정 파일에 대한 오버라이드도 확인한다. 이를 설명하기 위해 foo_1.0.bb 레시피를 살펴보자. 파일에 대한 OVERRIDES =

"<board>:<arch>" 변수는 표시된 정확한 순서에 따라 다음 디렉터리에서 검색된다.

1. foo-1.0/<board>/

2. foo-1.0/<arch>/

3. foo-1.0/

4. foo/<board>/

5. foo/<arch>/

6. foo/

7. files/<board>/

8. files/<arch>/

9. files/

이것은 오버라이드 목록이 방대하고 머신에 따라 다르므로 예시일 뿐이다. 레시피로 작업할 때 bitbake-getvar OVERRIDES를 사용하면 특정 머신에서 사용 가능한 오버라이드의 전체 목록을 찾아 적절하게 사용할 수 있다. 포키에서는 그림 13.6과 같이 볼 수 있다.

```
$ bitbake-getvar OVERRIDES
NOTE: Starting bitbake server...
#
# $OVERRIDES [2 operations]
#   set /home/user/yocto/poky/meta/conf/bitbake.conf:801
#     "${TARGET_OS}:${TRANSLATED_TARGET_ARCH}:pn-${PN}:${MACHINEOVERRIDES}:
#     ${DISTROOVERRIDES}:${CLASSOVERRIDE}${LIBCOVERRIDE}:forcevariable"
#   set /home/user/yocto/poky/meta/conf/documentation.conf:304
#     [doc] "BitBake uses OVERRIDES to control what variables are overridden
#            after BitBake parses recipes and configuration files."
# pre-expansion value:
#     "${TARGET_OS}:${TRANSLATED_TARGET_ARCH}:pn-${PN}:${MACHINEOVERRIDES}:
#     ${DISTROOVERRIDES}:${CLASSOVERRIDE}${LIBCOVERRIDE}:forcevariable"
OVERRIDES="linux:x86-64:pn-defaultpkgname:qemuall:qemux86-64:poky:
          class-target:libc-glibc:forcevariable"
```

그림 13.6 bitbake-getvar 명령을 사용해 얻은 OVERRIDES 변수 값

이 명령은 디버깅 프로세스 중에 메타데이터를 디버깅하는 데 매우 유용하다.

레시피 기능 설정 변경

`PACKAGECONFIG`는 레시피에 대한 기능 집합을 다룰 때 간소화하는 메커니즘이다. 레시피 기능을 활성화 및 비활성화할 수 있는 기능을 제공한다. 예를 들어 레시피의 설정은 그림 13.7과 같다.

```
1 PACKAGECONFIG ??= "feature1 feature2"
2 PACKAGECONFIG[feature1] = "\
3     --enable-feature1, \
4     --disable-feature1, \
5     build-deps-for-feature1, \
6     runtime-deps-for-feature1, \
7     runtime-recommends-for-feature1, \
8     packageconfig-conflicts-for-feature1"
9 PACKAGECONFIG[feature2] = "\
10    --enable-feature2, \
11    --disable-feature2, \
12    build-deps-for-feature2, , , \
13    packageconfig-conflicts-for-feature2"
```

그림 13.7 PACKAGECONFIG 예제

그림 13.7에는 feature1과 feature2라는 2가지 기능이 있다. 각 기능의 동작은 쉼표로 구분된 6개의 인수로 정의된다. 인수를 생략할 수 있지만 구분 쉼표는 반드시 유지해야 한다. 순서는 필수이며 다음을 지정한다.

1. 기능이 활성화될 때 추가되는 인수
2. 기능이 비활성화될 때 추가되는 인수
3. 기능이 활성화될 때 추가되는 빌드 의존성(DEPENDS)
4. 기능이 활성화될 때 추가되는 런타임 의존성(RDEPENDS)
5. 기능이 활성화될 때 추가되는 런타임 추천(RRECOMMENDS)
6. 이 기능에 대한 모든 충돌하는(상호 배타적인) PACKAGECONFIG

그림 13.8에 표시된 것처럼 PACKAGECONFIG 변수의 기본값을 확장해 feature2를 활성화하도록 .bbappend 파일을 만들 수 있다.

```
1 PACKAGECONFIG += "feature2"
```

그림 13.8 PACKAGECONFIG 변수를 확장하기 위한 .bbappend 파일의 내용

NOTE

build/conf/local.conf 파일에 동일한 기능을 추가하려면 PACKAGECONFIG:pn-<recipename>:append = "feature2"를 사용하면 된다.

특정 패키지에 사용할 수 있는 PACKAGECONFIG 기능 목록을 모두 나열하는 도구가 없으므로 레시피 파일 내에서 확인해야 한다.

Kconfig 기반 프로젝트에 대한 설정

Kconfig 설정 인프라는 유연성과 쉬운 표현으로 인해 인기를 얻고 있다. 리눅스 커널에서 시작됐지만 U-Boot 및 BusyBox와 같은 프로젝트에서도 사용한다.

이 설정은 기능을 활성화 또는 비활성화하고 이 선택 결과를 파일에 저장해 나중에 사용할 수 있는 선택 기반 기능을 기반으로 한다. 그림 13.9를 보자.

```
CONFIG_TFTPD=y                          CONFIG_TFTPD=n
     (a)                                     (b)
```

그림 13.9 BusyBox KConfig에서 TFTPD를 활성화 또는 비활성화하는 방법

BusyBox에서 TFTPD 지원을 활성화(a)할지 또는 비활성화(b)할지를 제어할 수 있다.

Yocto 프로젝트는 Kconfig 기반 프로젝트의 설정을 처리하는 특수 클래스를 제공해 설정 조각이라고 하는 작은 수정을 허용한다. 이를 사용해 머신의 기능을 활성화 또는 비활성화할 수 있다. 예를 들어 linux-yocto를 구성할 때 그림 13.10의 코드에서와 같이 <layer>/recipes-kernel/linux/linux-yocto_%.bbappend를 사용할 수 있다.

```
1 FILESEXTRAPATHS:prepend := "${THISDIR}/${PN}:"
2 SRC_URI += "file://enable-can.cfg"
```
그림 13.10 수정 사항을 적용하는 .bbappend의 내용

모든 설정은 .cfg 파일 확장자를 사용해야 한다. 따라서 \<layer>/recipes-kernel/
linux/linux-yocto/linux-yocto/enable-can.cfg 파일의 내용이 그림 13.11에 표시
된다.

```
1 CONFIG_CAN=y
```
그림 13.11 enable—can.cfg 파일의 내용

비트베이크를 사용해 리눅스 커널 설정 파일을 구성하거나 생성할 수 있다. 그림
13.12에서 리눅스 커널을 구성할 수 있는 bitbake virtual/kernel -c menuconfig
명령을 확인할 수 있다.

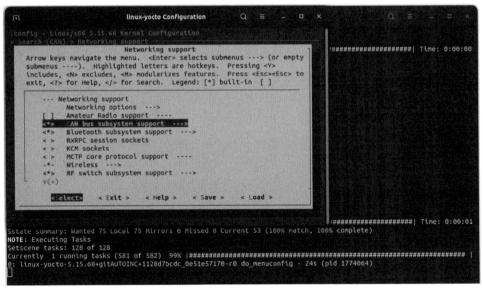

그림 13.12 bitbake virtual/kernel -c menuconfig를 사용해 CAN bus 서브시스템 지원을 활성화하는 방법

그림 13.12는 리눅스 커널의 menuconfig를 사용해 CAN 버스 지원을 활성화하는
방법을 보여준다. 커널 설정은 menuconfig에서 저장하고 종료할 때 변경된다.

다음 단계는 그림 13.13과 같이 bitbake virtual/kernel -c diffconfig를 사용해 cfg 파일을 생성하는 것이다.

```
$ bitbake virtual/kernel -c diffconfig
Loading cache: 100% |###################################| Time: 0:00:00
Loaded 2785 entries from dependency cache.
NOTE: Resolving any missing task queue dependencies

Build Configuration:
BB_VERSION           = "2.0.0"
BUILD_SYS            = "x86_64-linux"
NATIVELSBSTRING      = "universal"
TARGET_SYS           = "x86_64-poky-linux"
MACHINE              = "qemux86-64"
DISTRO               = "poky"
DISTRO_VERSION       = "4.0.4"
TUNE_FEATURES        = "m64 core2"
TARGET_FPU           = ""
meta
meta-poky
meta-yocto-bsp       = "kirkstone:e81e703fb6fd028f5d01488a62dcfacbda16aa9e"
meta-oe              = "kirkstone:50d4a8d2a983a68383ef1ffec2c8e21adf0c1a79"
meta-newlayer
workspace            = "kirkstone:e81e703fb6fd028f5d01488a62dcfacbda16aa9e"

Initialising tasks: 100% |###################################| Time: 0:00:01
Sstate summary: Wanted 41 Local 41 Mirrors 0 Missed 0 Current 26
(100% match, 100% complete)
NOTE: Executing Tasks
Config fragment has been dumped into:
 /home/user/yocto/poky/build/tmp/work/qemux86_64-poky-linux/linux-
yocto/5.15.68+gitAUTOINC+1128d7bcdc_0e51e57170-r0/fragment.cfg
NOTE: Tasks Summary: Attempted 309 tasks of which 308 didn't need to be rerun
and all succeeded.
NOTE: Writing buildhistory
NOTE: Writing buildhistory took: 3 seconds
```

그림 13.13 설정 파일을 생성하기 위한 diffconfig 옵션

그림 13.13은 명령 실행 후 로그를 표시한다. 조각 파일은 <build>/tmp/work/ 디렉터리 아래에 생성되며 로그에 절대 경로가 표시된다는 점에 유의해야 한다. 이 조각 파일을 레이어에 복사해 .bbappend 파일에 사용해야 적용된다.

TIP

전체 설정을 저장하려면 bitbake virtual/kernel -c savedefconfig를 사용할 수 있다. 이 명령은 동일한 설정을 복제하기 위해 defconfig 파일을 생성한다. 이는 조각 파일이 아닌 완전한 구성이다.

설정 조각은 다음 레시피에서 동작한다.

- 리눅스 커널
- U-Boot
- BusyBox

이러한 레시피는 `menuconfig` 및 `diffconfig` 태스크도 제공한다.

⫶ 정리

13장에서는 .bbappend 파일을 사용해 기존 레시피를 사용자 정의하고 소스코드의 중복을 방지해 이점을 얻는 방법을 알아봤다. 기능을 활성화 또는 비활성화하는 방법, 패치를 적용하는 방법, 설정 조각 지원을 사용하는 방법을 살펴봤다.

14장에서는 다양한 라이선스의 패키지를 사용해 리눅스 기반 시스템을 제작할 때 법적 측면에서 Yocto 프로젝트가 어떻게 도움이 될 수 있는지 살펴본다. 어떤 아티팩트가 필요한지, 카피레프트 컴플라이언스 달성 프로세스의 일부로 공유해야 하는 아티팩트를 생성하기 위해 포키를 어떻게 구성할 수 있는지 알아본다.

14

GPL 규정 준수

14장에서는 오픈소스 라이선스 준수를 보장하고 포키를 사용해 소스코드, 라이선스 텍스트 및 파생 저작물 목록과 같은 필요한 아티팩트를 제공하는 방법을 살펴본다. 이는 오늘날 시장에 출시되는 대부분의 제품에서 매우 중요한데, 오픈소스 코드는 독점 코드와 함께 사용해야 하기 때문이다.

⁘ 카피레프트

카피레프트^{Copyleft}는 권리를 극대화하고 자유를 표현하기 위해 저작권법을 합법적으로 사용하는 방법이다. 하지만 이는 제품에 영향을 미친다. 우리는 오픈소스 및 자유 소프트웨어 라이선스의 모든 의무를 준수해야 한다.

리눅스 배포판을 빌드할 때는 최소한 2가지 프로젝트, 즉 리눅스 커널과 컴파일러가 사용된다. GCC$^{GNU\ Compiler\ Collection}$는 여전히 가장 일반적으로 사용되는 컴파일러다. 리눅스 커널은 GPL$^{General\ Public\ License}$ v2 라이선스를 사용하며, GCC는 사용되는 프로젝트에 따라 GPLv2, GPLv2.1, GPLv3 라이선스를 사용한다.

그러나 리눅스 기반 시스템에는 회사가 자사 제품을 위해 만든 모든 애플리케이션 뿐만 아니라 전 세계에서 사용 가능한 거의 모든 프로젝트가 포함될 수 있다. 그렇다면 포함된 프로젝트와 라이선스의 수를 어떻게 파악하고 카피레프트 규정 준수 요건을 어떻게 충족할 수 있을까?

다음 절에서는 카피레프트 컴플라이언스에 필요한 가장 일반적인 작업에서 Yocto 프로젝트가 어떻게 도움이 될 수 있는지 살펴본다.

카피레프트 규약과 상용화 코드의 비교

독점 코드와 카피레프트가 적용된 코드가 동일한 제품에 공존할 수 있다는 점을 이해하는 것은 필수적이다. 이는 현재 사용 가능한 대부분의 제품에 대한 표준이지만 일부 제품에는 라이선스 호환성 문제가 있을 수 있으므로 코드를 연결하는 라이브러리에 주의해야 한다.

하나의 리눅스 기반 시스템은 여러 프로젝트의 집합이며 각 프로젝트는 서로 다른 라이선스에 있다. Yocto 프로젝트는 개발자가 대부분의 카피레프트 프로젝트에 다음과 같은 의무가 있다는 것을 이해하도록 도와준다.

- 프로젝트의 소스코드
- 프로젝트의 라이선스
- 프로젝트의 모든 수정 사항
- 설정과 빌드에 필요한 모든 스크립트

카피레프트가 적용되는 프로젝트 하나를 수정하는 경우 라이선스 텍스트, 기본 소스코드 및 모든 수정 사항을 최종 결과물에 포함시켜야 한다.

이 가정은 카피레프트 라이선스가 보장하는 대부분의 권리를 포함한다. 이것이 바로 Yocto 프로젝트가 우리를 도울 수 있는 부분이다. 그러나 자료를 공개하기 전에 공개할 모든 자료가 완전한지 확인하기 위해 감사를 받는 것이 좋다.

⁝⁝ 포키에 포함된 소프트웨어 라이선스 관리

포키의 중요한 기능 중 하나는 라이선스 관리 기능이다. 대부분의 경우 우리는 버그에만 신경을 쓴다. 하지만 제품을 만들 때는 라이선스와 사용된 라이선스 종류를 관리하는 것이 매우 중요하다.

포키는 모든 레시피의 라이선스를 추적한다. 또한 개발 주기 동안 독점 애플리케이션과 함께 작업하는 전략이 있다.

NOTE

> 레시피는 특정 라이선스에 따라 릴리스되고 프로젝트는 또 다른 라이선스에 따라 릴리스된다. 따라서 레시피와 프로젝트는 특정 라이선스를 가진 2개의 별도 개체이므로 두 라이선스를 제품의 일부로 간주해야 한다.

대부분의 레시피에서 정보는 저작권, 라이선스, 작성자 이름이 포함된 주석으로, 이 정보는 레시피 자체와 관련이 있다. 그런 다음 패키지 라이선스를 설명하는 변수 집합이 있으며, 변수는 다음과 같다.

- **LICENSE**: 패키지가 릴리스된 라이선스에 대한 설명이다.
- **LIC_FILES_CHKSUM**: 언뜻 보기에는 별로 유용해 보이지 않을 수 있다. 특정 패키지의 라이선스 파일과 체크섬을 설명하며 프로젝트마다 라이선스를 설명하는 방식이 많이 다를 수 있다. 가장 일반적인 라이선스 파일은 meta/ files/common-licenses/에 저장된다.

일부 프로젝트에는 소스코드의 라이선스를 지정하는 COPYING 또는 LICENSE와 같은 파일이 포함돼 있다. 다른 프로젝트는 각 파일이나 메인 파일에 헤더 노트를 사용한다. LIC_FILES_CHKSUM 변수에는 프로젝트의 라이선스 텍스트에 대한 체크섬이 있으며, 문자가 하나라도 변경되면 체크섬도 변경된다. 이렇게 하면 개발자가 모든 변경 사항을 기록하고 의식적으로 받아들일 수 있다. 라이선스 변경은 오타 수정일 수도 있지만 법적 의무의 변경일 수도 있으므로 개발자는 그 차이를 검토하고 이해해야 한다.

다른 라이선스 체크섬이 감지되면 비트베이크는 빌드 오류를 발생시키고 라이선스가 변경된 프로젝트를 가리킨다. 라이선스 변경이 이 소프트웨어 사용에 영향을 미칠 수 있으므로 이 경우 주의해야 한다. 다시 빌드하려면 LIC_FILE_CHKSUM 값을 적절히 변경하고 라이선스 변경에 맞게 LICENSE 필드를 업데이트해야 한다. 라이선스 조건이 변경된 경우 법무 부서에 문의해야 한다. 또한 나중에 참조할 수 있도록 커밋 메시지에 변경 사유를 기록하는 것이 좋다.

상용 라이선스

기본적으로 포키는 상용 라이선스 제한이 있는 레시피는 사용하지 않는다. 레시피 파일에서 라이선스 관련 변수는 해당 레시피에 어떤 라이선스 제한이 있는지 식별하는 데 사용된다. 그림 14.1에서와 같이 gstreamer1.0-plugins-ugly 레시피의 경우 라이선스 관련 변수는 5번 줄부터 10번 줄까지다.

```
 1 DESCRIPTION = "'Ugly GStreamer plugins"
 2 HOMEPAGE = "https://gstreamer.freedesktop.org/"
 3 BUGTRACKER = "https://gitlab.freedesktop.org/gstreamer/gst-plugins-ugly/-/issues"
 4
 5 LIC_FILES_CHKSUM = "file://COPYING;md5=a6f89e2100d9b6cdffcea4f398e37343 \
 6                     file://tests/check/elements/xingmux.c;beginline=1;endline=21; \
 7                     md5=4c771b8af188724855cb99cadd390068"
 8
 9 LICENSE = "LGPL-2.1-or-later & GPL-2.0-or-later"
10 LICENSE_FLAGS = "commercial"
```

그림 14.1 gstreamer1.0-plugins-ugly 레시피의 라이선스 관련 변수

10번 줄은 이 레시피를 사용하려면 상용 라이선스 플래그를 명시적으로 수락해야 한다는 것을 포키에게 알려준다. `gstreamer1.0-plugins-ugly` 레시피의 사용을 허용하려면 그림 14.2와 같이 사용한다.

```
1 LICENSE_FLAGS_ACCEPTED = "commercial"
```
그림 14.2 상용 라이선스 제한이 있는 레시피 설치를 수락하는 방법

초기 개발 단계에서 사용자 정의 배포(예: ⟨my-layer⟩/conf/distro/my-distro.conf) 또는 build/conf/local.conf 내에 `LICENSE_FLAGS_ACCEPTED`를 추가할 수 있다. 상용 플래그를 사용하면 이 플래그가 필요한 모든 레시피의 설치가 허용된다. 하지만 사용하는 레시피를 관리하고 싶을 때 특정 라이선스 조건을 요구할 수 있는데, 이 경우 그림 14.3과 같은 양식을 사용할 수 있다.

```
1 LICENSE_FLAGS_ACCEPTED = "commercial_gstreamer1.0-plugins-ugly"
```
그림 14.3 gstreamer1.0-plugins-ugly만 설치를 수락하는 방법

그림 14.3의 코드를 사용하면 레시피 이름인 `gstreamer1.0-plugins-ugly`의 상용 라이선스 플래그만 허용한다. 상업적 환경에서 사용할 수 있는 권한이 있는 레시피 집합에 대해 이 플래그를 활성화하는 것이 좋다. 이를 법률 부서에 문의해야 한다.

⁘ 카피레프트 규약을 지키기 위한 포키 사용

이 시점에서는 포키를 사용하는 방법을 알고 그 주요 목표를 이해했다. 이제 다양한 라이선스의 패키지를 사용하는 리눅스 기반 시스템을 제작할 때의 법적 측면을 이해해야 할 때다.

카피레프트 규정 준수 프로세스의 일부로 공유해야 하는 아티팩트를 생성하도록 포키를 구성할 수 있다.

라이선스 검사

카피레프트 준수를 위해 포키는 이미지 빌드 중에 라이선스 매니페스트를 생성하며, 위치는 build/tmp/deploy/licenses/<image_name-machine_name>-<datastamp>/다.

이 프로세스를 시연하기 위해 qemux86-64 머신에 대한 **core-image-full-cmdline** 이미지를 사용한다. 예제부터 시작하려면 build/tmp/deploy/licenses/core-image-full-cmdline-qemux86-64-<datestamp>에서 다음과 같은 파일을 살펴보자.

- image_license.manifest: 여기에는 레시피 이름, 버전, 라이선스, build/tmp/deploy/image/<machine>에서 사용할 수 있지만 루트 파일 시스템(rootfs)에 설치되지 않은 패키지 파일이 나열된다. 가장 일반적인 예는 부트로더, 리눅스 커널 이미지, DTB 파일이다.
- package.manifest: 이미지에 설치된 모든 패키지를 나열한다.
- license.manifest: 여기에는 설치된 모든 패키지의 이름, 버전, 레시피 이름, 라이선스가 나열된다. 이 매니페스트는 카피레프트 규정 준수 감사에 사용될 수 있다.

```
build/tmp/deploy/licenses/
├── acl
│   ├── COPYING
│   ├── COPYING.LGPL
│   ├── generic_GPL-2.0-or-later
│   ├── generic_LGPL-2.1-or-later
│   └── recipeinfo
...
├── bash
│   ├── COPYING
│   ├── generic_GPL-3.0-or-later
│   └── recipeinfo
...
├── core-image-full-cmdline-qemux86-64-20221220151845
│   ├── image_license.manifest
│   ├── license.manifest
│   └── package.manifest
...
└── zstd-native
    ├── COPYING
    ├── generic_BSD-3-Clause
    ├── generic_GPL-2.0-only
    ├── LICENSE
    └── recipeinfo

334 directories, 1444 files
```

그림 14.4 build/tmp/deploy의 라이선스 매니페스트의 디렉터리 레이아웃

각 레시피에 대한 라이선스 매니페스트는 build/tmp/deploy/licenses/<패키지 이름>에 있다. 그림 14.4는 일부 패키지의 디렉터리 레이아웃을 보여준다.

소스코드 제공

포키가 이미지에 사용된 모든 프로젝트의 소스코드를 제공하는 데 도움을 줄 수 있는 가장 확실한 방법은 DL_DIR 내용을 공유하는 것이다. 그러나 이 접근 방식에는 한 가지 중요한 함정이 있다. 독점 소스코드를 그대로 공유하면 모든 소스코드가 DL_DIR 내에서 공유된다. 또한 이 방식은 카피레프트 규정에서 요구하지 않는 부분을 포함한 모든 소스코드를 공유하게 된다.

최종 이미지가 생성되기 전에 소스코드를 아카이브하도록 포키를 구성해야 한다. 이를 설정하려면 그림 14.5에서와 같이 build/conf/local.conf에 다음 변수를 추가하면 된다.

```
1 INHERIT += "archiver"
2 ARCHIVER_MODE[src] = "original"
```

그림 14.5 카피레프트에 패키지 소스코드를 제공하기 위한 포키 설정

archiver 클래스는 필터링된 라이선스 집합의 소스코드, 패치, 스크립트를 복사한다. 기본 구성은 COPYLEFT_LICENSE_INCLUDE를 "GPL* LGPL* AGPL*"로 설정해 해당 라이선스에 따라 라이선스가 부여된 소스코드를 사용하는 레시피를 build/tmp/deploy/sources/<arch> 디렉터리 아래에 복사하는 것이다.

또한 이 클래스는 일부 특정 라이선스에 따라 라이선스가 부여된 소스코드를 사용하는 패키지가 소스 디렉터리에 들어가지 않게 하고자 COPYLEFT_LICENSE_EXCLUDE 변수를 지원한다. 기본적으로 이 변수는 "CLOSED Proprietary"로 설정된다. 그림 14.6은 core-image-full-cmdline을 베이킹한 후의 몇 가지 레시피 예를 보여준다.

```
build/tmp/deploy/sources/
├── allarch
...
├── allarch-poky-linux
...
├── x86_64-linux
...
└── x86_64-poky-linux
    ├── acl-2.3.1-r0
    │   ├── 0001-test-patch-out-failing-bits.patch
    │   ├── 0001-tests-do-not-hardcode-the-build-path-into-a-helper-l.patch
    │   ├── acl-2.3.1.tar.gz
    │   ├── run-ptest
    │   └── series
    ...
    └── zstd-1.5.2-r0
        └── zstd-1.5.2-r0.tar.xz

195 directories, 1122 files
```

그림 14.6 build/tmp/deploy/sources 디렉터리 레이아웃

컴파일 스크립트와 수정된 소스코드 제공

앞 절에서 제공한 설정으로 포키는 각 프로젝트마다 원본 소스코드를 패키징한다. 패치된 소스코드를 포함하려면 ARCHIVER_MODE[src]= "patched"만 사용하면 된다. 이렇게 하면 포키가 do_patch 작업 후에 프로젝트 소스코드를 래핑한다. 여기에는 레시피 또는 .bbappend 파일의 수정 사항이 포함된다.

이렇게 하면 소스코드와 모든 수정 사항을 쉽게 공유할 수 있다. 그러나 여전히 한 가지 종류의 정보, 즉 프로젝트를 구성하고 빌드하는 데 사용되는 절차를 만들어야 한다.

재현 가능한 빌드 환경을 갖기 위해 구성한 프로젝트, 즉 do_configure 작업 후에 프로젝트를 공유할 수 있다. 이를 위해 build/conf/local.conf에 ARCHIVER_MODE [src] = "configured"를 추가하면 된다.

상대방이 카피레프트 준수를 위해 Yocto 프로젝트를 사용하지 않을 수도 있고, 사용하더라도 원본 소스코드와 설정 절차에 대한 수정이 불가능하다는 점을 고려해

야 한다는 점을 기억하는 것이 중요하다. 이것이 바로 설정된 프로젝트를 공유하는 이유다. 누구나 빌드 환경을 재현할 수 있게 하기 위해서다.

모든 소스코드의 경우 기본 결과 파일은 타르볼^{tarball}이며, 다른 옵션을 사용하면 build/conf/local.conf에 `ARCHIVER_MODE[srpm] = "1"`을 추가하고 결과 파일은 SRPM 패키지가 된다.

라이선스 문구 제공

소스코드를 제공할 때 라이선스 문구가 그 안에 공유된다. 최종 이미지에 라이선스 텍스트를 포함하려면 build/conf/local.conf에 그림 14.7과 같이 추가하면 된다.

```
1 COPY_LIC_MANIFEST = "1"
2 COPY_LIC_DIRS = "1"
```

그림 14.7 최종 이미지 내에 라이선스 문구를 배포하기 위해 포키를 설정하는 방법

이렇게 하면 라이선스 파일이 `rootfs` 내부의 /usr/share/common-licenses/ 아래에 배치된다.

⋮⋮ 정리

14장에서는 포키가 카피레프트 라이선스 준수에 어떻게 도움이 되는지, 왜 법적 리소스로 사용해서는 안 되는지에 대해 알아봤다. 포키를 사용하면 배포에 사용되는 패키지에 대한 소스코드, 복제 스크립트, 라이선스 문구를 생성할 수 있다. 또한 이미지 내에서 생성된 라이선스 매니페스트가 이미지 감사를 위해 사용될 수 있다는 사실을 알게 됐다.

15장에서는 실제 하드웨어에서 Yocto 프로젝트의 도구를 사용하는 방법을 알아본

다. 그런 다음 Yocto 프로젝트를 사용해 몇 가지 실제 보드의 이미지를 생성해 본다.

15

커스텀 임베디드 리눅스 부팅

이제 필요한 개념을 배웠고 Yocto 프로젝트와 포키에 대한 충분한 지식을 얻었으므로 커스텀 임베디드 리눅스를 부팅할 준비가 됐다. 15장에서는 지금까지 배운 내용으로 외부 BSP 레이어와 함께 포키를 사용해 다음 머신에서 사용할 이미지를 생성하고 SD 카드를 사용해 부팅하는 방법을 연습해본다.

- 비글본 블랙^{BeagleBone Black}
- 라즈베리 파이 4^{Raspberry Pi 4}
- 비전파이브^{VisionFive}

15장의 개념은 공급업체가 Yocto 프로젝트에 사용할 BSP 계층을 제공하는 한 다른 모든 보드에 적용할 수 있다.

올바른 BSP 레이어 찾기

11장에서는 Yocto 프로젝트에서 메타데이터를 여러 레이어로 분할할 수 있다는 것을 알아봤다. 프로젝트에 추가할 정확한 메타레이어를 선택할 수 있도록 메타데이터를 구성한다.

보드의 BSP를 찾는 방법은 다양하지만 일반적으로 https://layers.openembedded.org를 방문해 찾을 수 있다. 머신 이름을 검색하면 웹 사이트가 데이터베이스에서 해당 머신이 포함된 레이어를 찾을 수 있다.

하드웨어 사용에 영향을 미치는 요소

15장에서 사용한 보드는 관리가 잘 돼 있고 사용법이 간단하다. 그러나 다른 보드를 사용하는 것도 유효한 선택이지만 방법이 달라질 수 있다.

보드를 선택할 때 첫 번째 단계는 해당 보드가 지원하는 소프트웨어의 품질을 확인하는 것이다. 로우레벨 컴포넌트는 다음과 같이 구성된다.

- U-Boot, GRUB 또는 systemd-boot와 같은 부트로더
- 리눅스 커널(GPU 또는 와이파이와 같은 기타 필수 드라이버 포함)
- 하드웨어 가속에 필요한 사용자 공간 패키지

이는 매우 중요하지만 고려해야 할 유일한 측면은 아니다. Yocto 프로젝트 내부의 통합은 일반적으로 다음과 같은 기능을 제공하므로 보드 사용의 마찰을 줄여준다.

- 재사용 가능한 디스크 파티션 레이아웃(예, WIC .wks 템플릿)
- 바로 사용 가능한 머신 정의
- 하드웨어 가속을 위해 통합된 사용자 공간 패키지(즉시 사용 가능)

소프트웨어 지원의 성숙도 및 Yocto 프로젝트 BSP는 보드 사용과 관련된 마찰과 다른 보드에서 포키를 사용할 때 즉시 사용 가능한 경험에 큰 영향을 미친다.

널리 사용되는 BSP 레이어 살펴보기

이 장에서는 널리 사용되는 BSP 레이어 목록을 살펴본다. 이 목록을 완전한 목록이나 결정적인 목록으로 받아들여서는 안 된다. 특정 공급업체의 보드가 하나만 있는 경우 필요한 레이어를 쉽게 검색할 수 있게 하기 위한 것이다. 목록을 알파벳 순서대로 나열하면 다음과 같다.

- allwinner: `meta-allwinner` 레이어가 있다.
- AMD: `meta-amd` 레이어가 있다.
- Intel: `meta-intel` 레이어가 있다.
- NXP: `meta-freescale`과 `meta-freescale-3rdparty` 레이어가 있다.
- **라즈베리 파이**: `meta-raspberrypi` 레이어가 있다.
- RISC-V: `meta-riscv` 레이어가 있다.
- Texas Instruments: `meta-ti` 레이어가 있다.

다음 절에서는 예제 보드로 작업을 시작한다.

⁝⁝ 물리 하드웨어 사용

Yocto 프로젝트의 기능을 쉽게 탐색하려면 맞춤형 임베디드 시스템을 부팅하는 경험을 즐길 수 있도록 실제 보드가 있는 것이 좋다. 이를 위해 가장 널리 사용되는 보드를 수집해 여러분이 보드를 소유할 수 있는 가능성을 높이려고 노력했다.

다음 절에서는 다음과 같은 보드를 다룬다.

- **비글본 블랙:** 비글본 블랙은 전 세계 회원을 보유한 커뮤니티 기반이다. 자세한 정보는 https://beagleboard.org/black/에서 확인할 수 있다.
- **라즈베리 파이 4:** 전 세계적으로 가장 광범위한 커뮤니티를 보유한 가장 유명한 ARM64 기반 보드다. 자세한 내용은 https://www.raspberrypi.org/에

서 확인할 수 있다.

- **비전파이브**: 리눅스를 실행하게 설계된 첫 경제적인 RISC-V 보드다. 자세한 내용은 https://www.starfivetech.com/en에서 확인할 수 있다.

나열된 모든 보드는 교육과 멘토링을 기반으로 하는 비영리 단체에서 관리하고 있으며, 커뮤니티는 임베디드 리눅스의 세계를 발견할 수 있는 비옥한 장소가 되고 있다. 표 15.1에는 보드와 주요 기능이 요약돼 있다.

표 15.1 보드의 하드웨어 스펙

보드 버전	특징
비글본 블랙	TI AM335x(싱글코어) 512MB RAM
라즈베리 파이 4	브로드컴 BCM2711 64비트 CPU(쿼드코어) 1GB ~ 8GB RAM
비전파이브	U74 듀얼 코어 8GB RAM

다음 절에서는 제안된 각 머신에 대해 Yocto 프로젝트 이미지를 굽고 부팅한다. 자신이 소유한 보드에 대한 부분만 읽는 것이 좋다. 작업을 위해 보드를 준비하는 방법을 이해하려면 보드의 설명서를 참조하면 된다.

⠿ 비글본 블랙

다음 2개의 절에서는 비글본 블랙 보드의 이미지를 만들고 부팅하는 단계를 살펴본다.

비글본 블랙 빌드

이 보드를 사용하려면 포키에 기본적으로 포함된 `meta-yocto-bsp` 레이어를 사용할 수 있다. 메타레이어는 https://git.yoctoproject.org/meta-yocto/tree/meta-yocto-bsp?h=kirkstone에서 볼 수 있다.

소스 구조를 만들려면 다음 명령을 사용해 포키를 다운로드한다.

```
git clone git://git.yoctoproject.org/poky -b kirkstone
```

이 작업을 완료한 후에는 빌드에 사용할 빌드 디렉터리를 만들어야 한다. 다음 명령을 사용해 이 작업을 수행할 수 있다.

```
source oe-init-build-env build
```

빌드 디렉터리와 BSP 레이어가 올바르게 설정되면 빌드를 시작할 수 있다. 빌드 디렉터리에서 다음 명령을 호출한다.

```
MACHINE=beaglebone-yocto bitbake core-image-full-cmdline
```

MACHINE 변수는 사용하려는 보드에 따라 변경하거나 build/conf/local.conf에서 설정할 수 있다.

비글본 블랙 부팅

빌드 프로세스가 끝나면 build/tmp/deploy/images/beaglebone-yocto/ 디렉터리에서 이미지를 사용할 수 있다. 사용하려는 파일은 core-image-full-cmdline-beaglebone-yocto.wic다.

올바른 장치를 가리키고 있는지 확인하고 하드 디스크에 쓰지 않는지 다시 확인해야 한다.

core-image-full-cmdline 이미지를 SD 카드에 복사하려면 다음과 같이 dd 유틸리티를 사용한다.

```
sudo dd if=core-image-full-cmdline-beaglebone-yocto.wic of=/ dev/<media>
```

이미지를 SD 카드에 복사한 후 SD 카드 슬롯에 삽입하고 HDMI 케이블을 연결한 다음 기기 전원을 켜면 정상적으로 부팅된다.

NOTE

비글본 블랙 부팅 순서는 eMMC에서 부팅을 시도하기 시작하고 eMMC 부팅이 실패할 경우에만 SD 카드에서 부팅을 시도한다. 전원을 켤 때 USER/BOOT 버튼을 클릭하면 부팅 순서가 일시적으로 변경돼 SD 카드에서 부팅이 이뤄진다. 이 지침을 보드에 맞게 추가로 조정하려면 http://www.beagleboard. org/black에서 설명서를 보면 된다.

⁞⁞⁞ 라즈베리 파이 4

다음 2개의 절에서는 라즈베리 파이 4 보드용 이미지를 굽고 부팅하는 단계를 살펴본다.

라즈베리 파이 4 빌드

BSP를 프로젝트에 추가하려면 라즈베리 파이 4를 포함한 라즈베리 파이 보드를 지원하지만 이에 국한되지 않는 BSP 레이어인 meta-raspberry 메타레이어를 포함해야 한다. 메타레이어는 http://git.yoctoproject.org/cgit.cgi/meta-raspberrypi/log/h=kirkstone에서 접근할 수 있다.

소스 구조를 만들려면 다음 명령을 사용해 포키를 다운로드한다.

```
git clone git://git.yoctoproject.org/poky -b kirkstone
```

이 작업을 완료한 후에는 빌드에 사용할 빌드 디렉터리를 만들고 BSP 레이어를 추가해야 한다. 다음 명령을 사용해 이 작업을 수행한다.

```
source oe-init-build-env build
```

```
bitbake-layers layerindex-fetch meta-raspberrypi
```

빌드 디렉터리와 BSP 레이어가 올바르게 설정되면 빌드를 시작할 수 있다. 빌드 디렉터리에서 다음 명령을 호출해야 한다.

```
MACHINE=raspberrypi4 bitbake core-image-full-cmdline
```

MACHINE 변수는 사용하려는 보드에 따라 변경하거나 build/conf/local.conf에서 설정할 수 있다.

라즈베리 파이 4 부팅

빌드 프로세스가 끝나면 build/tmp/deploy/images/raspberrypi4/ 디렉터리에서 이미지를 사용할 수 있다. 사용하려는 파일은 core-image-full-cmdline-raspberrypi4.wic.bz2다.

올바른 장치를 가리키고 있는지 확인하고 하드 디스크에 쓰지 않는지 다시 확인해야 한다.

core-image-full-cmdline 이미지를 SD 카드에 복사하려면 다음과 같이 dd 유틸리티를 사용한다.

```
bzcat core-image-full-cmdline-raspberrypi4.wic.bz2 | sudo dd of=/dev/<media>
```

이미지를 SD 카드에 복사한 후 SD 카드 슬롯에 삽입하고 HDMI 케이블을 연결한 다음 기기 전원을 켜면 정상적으로 부팅된다.

비전파이브

다음 2개의 절에서는 비전파이브 보드용 이미지를 빌드하고 부팅하는 단계를 살펴본다.

비전파이브 빌드

BSP를 프로젝트에 추가하려면 비전파이브를 포함한 RISC-V 기반 보드를 지원하는 BSP 레이어인 `meta-riscv` 메타레이어를 포함해야 하지만 이에 국한되지는 않는다. 메타레이어는 https://github.com/riscv/meta-riscv/tree/kirkstone에서 접근할 수 있다.

소스 구조를 만들려면 다음 명령을 사용해 포키를 다운로드한다.

```
git clone git://git.yoctoproject.org/poky -b kirkstone
```

이 작업을 완료한 후에는 빌드에 사용할 빌드 디렉터리를 생성하고 BSP 레이어를 추가해야 한다. 다음 명령을 사용해 이 작업을 수행할 수 있다.

```
source oe-init-build-env build
bitbake-layers layerindex-fetch meta-riscv
```

빌드 디렉터리와 BSP 레이어가 올바르게 설정되면 빌드를 시작할 수 있다. 빌드 디렉터리에서 다음 명령을 호출한다.

```
MACHINE=visionfive bitbake core-image-full-cmdline
```

`MACHINE` 변수는 사용하려는 보드에 따라 변경하거나 build/conf/local.conf에서 설정할 수 있다.

비전파이브 부팅

빌드 프로세스가 끝나면 build/tmp/deploy/images/visionfive/ 디렉터리에서 이미지를 사용할 수 있다. 사용하려는 파일은 core-image-full-cmdline-visionfive.wic.gz다.

올바른 장치를 가리키고 있는지 확인하고 하드 디스크에 쓰지 않는지 다시 확인해야 한다.

core-image-full-cmdline 이미지를 SD 카드에 복사하려면 다음과 같이 dd 유틸리티를 사용한다.

```
zcat core-image-full-cmdline-visionfive.wic.gz | sudo dd of=/ dev/<media>
```

이미지를 SD 카드에 복사한 후 SD 카드 슬롯에 삽입하고 HDMI 케이블을 연결한 다음 기기 전원을 켜면 정상적으로 부팅된다.

NOTE

> 비전파이브에는 기본 부팅 대상이 없으므로 부팅하려면 수동으로 개입해야 한다. 시리얼 콘솔을 사용해 U-Boot 프롬프트에서 다음 명령을 사용한다.
>
> setenv bootcmd "run distro_bootcmd"
> saveenv
> boot
>
> saveenv 명령은 재부팅 후에도 새 설정이 즉시 작동할 수 있도록 새 설정을 유지하게 하는 선택 사항이다.
>
> 빠른 시작 가이드(https://doc-en.rvspace.org/VisionFive/Quick_Start_Guide/)에서 시리얼 콘솔을 얻는 방법을 참고할 수 있다.

ꓽ 다음 단계로 넘어가기

이제 여러분은 Yocto 프로젝트 빌드 시스템의 기본을 알고 다른 영역으로 지식을 확장할 수 있다. Yocto 프로젝트를 사용해 가장 일반적인 일상 작업을 다뤄봤다. 몇 가지 연습해 볼 만한 것이 더 있다.

- 패치를 적용하거나 레시피에 다른 변경 사항을 적용하기 위해 bbappend 파일 만들기
- 커스텀 이미지 만들기
- 리눅스 커널 설정 파일(defconfig) 변경하기
- BusyBox 설정을 변경하고 레이어에 기능을 추가하거나 제거하기 위해 설정 파일을 포함하기
- 패키지에 대한 새로운 레시피 추가하기
- 제품 특화된 머신, 레시피, 이미지로 제품 레이어 만들기

소스코드는 궁극적인 지식의 원천이므로 이를 활용하자.

어떤 작업을 수행하는 방법을 찾을 때 비슷한 레시피를 찾으면 문제 해결을 위해 여러 가지 접근 방식을 테스트하는 시간을 절약할 수 있다.

언젠가 오픈임베디드 코어, 메타레이어 또는 BSP에서 무언가를 수정하거나 개선해야 하는 상황에 처하게 될 것이다. 그러니 두려워하지 말고 패치를 보내고 피드백과 변경 요청을 해서 문제 해결 방식을 배우고 개선할 기회로 삼으면 좋다.

⠾ 정리

프로젝트에 사용하려는 보드의 BSP를 찾는 방법을 살펴봤다. 외부 BSP 레이어를 추가하고 생성된 이미지와 함께 실제 보드에서 이를 사용함으로써 Yocto 프로젝트 지식을 통합했다. 또한 필요한 배경 정보를 통합해 Yocto 프로젝트의 다른 측면에 대해 알아볼 수 있었다.

16장에서는 QEMU를 사용해 모든 개발 주기에서 하드웨어에 의존하지 않고도 제품 개발 속도를 높이는 방법을 살펴본다.

16

에뮬레이션을 통한 제품 개발 속도 향상: QEMU

16장에서는 에뮬레이션을 통해 제품 개발을 단축하고 대부분의 개발에서 실제 하드웨어에 대한 의존도를 줄일 수 있는 가능성을 살펴본다. 하드웨어보다 QEMU를 사용할 때의 이점과 실제 하드웨어를 선택하는 것이 더 바람직한 경우를 이해하게 될 것이다. 또한 runqemu의 기능을 알아보고 몇 가지 사용 사례를 알아본다.

⠿ QEMU란?

QEMU^Quick EMUlator는 사용자가 동일한 물리적 시스템에서 여러 아키텍처를 실행할 수 있는 무료 오픈소스 소프트웨어 도구다. CPU, 메모리, 스토리지, 주변 장치를 포함한 전체 장치 하드웨어를 가상화할 수 있는 시스템 에뮬레이터다.

테스트 및 디버깅에 QEMU를 사용하면 개발 중 시간과 노력을 절약할 수 있다. 개발자는 다양한 시뮬레이션 환경에서 코드를 테스트할 수 있다.

무엇보다도 Yocto 프로젝트는 각 릴리스와 함께 제공되는 최종 이미지에 대해 자동화된 QA 테스트를 실행하고자 QEMU를 사용한다. Yocto 프로젝트의 콘텍스트 내에서 QEMU를 사용하면 빌드 시스템에서 다른 태스크로 Yocto 프로젝트를 사용해 빌드한 전체 이미지를 실행할 수 있다. 또한 QEMU를 사용하면 실제 하드웨어 없이도 지원되는 Yocto 프로젝트 아키텍처에서 이미지와 애플리케이션을 실행하고 테스트할 수 있다.

⁂ 하드웨어보다 QEMU를 사용할 때의 이점

테스트 및 디버깅을 위해 실제 하드웨어 대신 QEMU를 사용하는 것이 더 실용적인 몇 가지 상황이 있다.

- 타깃 디바이스에 지속적으로 배포하지 않고도 다양한 시뮬레이션 환경에서 코드를 빠르고 쉽게 테스트할 수 있다.
- 소프트웨어가 실행될 하드웨어가 없거나 사용 가능 여부가 제한돼 있는 경우다.
- 여러 대의 물리적 머신을 설정할 필요 없이 여러 하드웨어 플랫폼에서 소프트웨어를 테스트해야 하는 경우다.
- 메모리 가용성 감소와 같이 통제된 환경에서 소프트웨어의 동작을 관찰하기 위해 디버깅하려는 경우다.
- 하드웨어와 관련이 없는 소프트웨어를 검증하고 플래싱, 보드 배선 등 테스트에 필요한 시간을 줄이고자 하는 경우다.

그러나 QEMU는 소프트웨어 에뮬레이터이므로 항상 실제 하드웨어를 완벽하게 대체할 수는 없다는 점을 유의해야 한다. 따라서 소프트웨어가 올바르게 작동하는지 확인하려면 실제 하드웨어에서 소프트웨어를 테스트해야 할 수도 있다.

⠿ 실제 하드웨어를 선택해야 하는 시점

다음과 같이 테스트 및 디버깅에 QEMU 대신 실제 하드웨어를 사용하는 것이 더 실용적이고 심지어 필수적인 몇 가지 상황이 있다.

- 소프트웨어가 특정 하드웨어 기능에 의존하는 경우다(예: 특정 비디오 처리 장치[VPU, Video Processing Unit] 또는 그래픽 처리 장치[GPU, Graphics Processing Unit] 기능).

- 소프트웨어 성능을 평가할 때 QEMU는 실제 하드웨어의 성능을 복제하지 못할 수 있다.

QEMU는 소프트웨어 테스트 및 디버깅에 유용한 도구가 될 수 있지만 실제 하드웨어를 완벽하게 대체할 수는 없다.

⠿ runqemu 기능 사용

QEMU는 Yocto 프로젝트에 깊이 통합돼 있으며 프로젝트의 테스트를 계획하려면 이 통합을 활용하는 방법을 아는 것이 중요하다. 그림 16.1은 runqemu의 사용 가능한 다양한 옵션을 보여준다.

```
$ runqemu --help

Usage: you can run this script with any valid combination
of the following environment variables (in any order):
  KERNEL - the kernel image file to use
  BIOS - the bios image file to use
  ROOTFS - the rootfs image file or nfsroot directory to use
  DEVICE_TREE - the device tree blob to use
  MACHINE - the machine name (optional, autodetected from KERNEL filename if unspecified)
  Simplified QEMU command-line options can be passed with:
    nographic - disable video console
    novga - Disable VGA emulation completely
    sdl - choose the SDL UI frontend
    gtk - choose the Gtk UI frontend
    gl - enable virgl-based GL acceleration (also needs gtk or sdl options)
    gl-es - enable virgl-based GL acceleration, using OpenGL ES (also needs gtk or sdl options)
    egl-headless - enable headless EGL output; use vnc (via publicvnc option) or spice to see it
    (hint: if /dev/dri/renderD* is absent due to lack of suitable GPU, 'modprobe vgem' will create
    one suitable for mesa llvmpipe software renderer)
    serial - enable a serial console on /dev/ttyS0
    serialstdio - enable a serial console on the console (regardless of graphics mode)
    slirp - enable user networking, no root privilege is required
    snapshot - don't write changes back to images
    kvm - enable KVM when running x86/x86_64 (VT-capable CPU required)
    kvm-vhost - enable KVM with vhost when running x86/x86_64 (VT-capable CPU required)
    publicvnc - enable a VNC server open to all hosts
    audio - enable audio
    [*/]ovmf* - OVMF firmware file or base name for booting with UEFI
  tcpserial=<port> - specify tcp serial port number
  qemuparams=<xyz> - specify custom parameters to QEMU
  bootparams=<xyz> - specify custom kernel parameters during boot
  help, -h, --help: print this text
  -d, --debug: Enable debug output
  -q, --quiet: Hide most output except error messages

Examples:
  runqemu
  runqemu qemuarm
  runqemu tmp/deploy/images/qemuarm
  runqemu tmp/deploy/images/qemux86/<qemuboot.conf>
  runqemu qemux86-64 core-image-sato ext4
  runqemu qemux86-64 wic-image-minimal wic
  runqemu path/to/bzImage-qemux86.bin path/to/nfsrootdir/ serial
  runqemu qemux86 iso/hddimg/wic.vmdk/wic.vhd/wic.vhdx/wic.qcow2/wic.vdi/ramfs/cpio.gz...
  runqemu qemux86 qemuparams="-m 256"
  runqemu qemux86 bootparams="psplash=false"
  runqemu path/to/<image>-<machine>.wic
  runqemu path/to/<image>-<machine>.wic.vmdk
  runqemu path/to/<image>-<machine>.wic.vhdx
  runqemu path/to/<image>-<machine>.wic.vhd
```

그림 16.1 runqemu 사용법

QEMU의 몇 가지 중요한 사용 사례를 소개하면 다음과 같다.

- 테스트 시 다양한 커널 이미지 선택 가능
- 부팅 시 다른 rootfs를 선택 가능
- 커널에 부팅 인수를 전달하는 기능
- OpenGL 또는 OpenGL ES 옵션이 있는 그래픽 환경 사용 지원

- 추가 QEMU 커맨드라인 매개변수 전달 가능
- 신속한 이미지 테스트를 위해 시리얼 전용 콘솔을 사용 가능
- 오디오 스택 지원 테스트
- 다양한 초기화 시스템 테스트(예: systemd)

다음 절에서는 몇 가지 일반적인 사용 사례를 다루고자 qemux86-64 머신을 레퍼런스로 사용해 runqemu의 주요 기능을 알아본다.

runqemu를 사용해 그래픽 애플리케이션 테스트

임베디드 디바이스 GPU 성능을 무시하고 애플리케이션의 유효성을 검사하려는 경우, 예를 들어 Qt 또는 GTK+ 애플리케이션과 같은 유효성 검사를 위해 QEMU를 사용할 수 있다. 먼저 core-image-weston 이미지를 빌드해야 한다. 그런 다음 그림 16.2와 같이 유효성 검사를 실행할 수 있다.

```
$ runqemu qemux86-64 gl sdl core-image-weston
runqemu - INFO - Running MACHINE=qemux86-64 bitbake -e ...
runqemu - INFO - Continuing with the following parameters:
KERNEL: [/home/user/yocto/poky/build/tmp/deploy/images/qemux86-64/bzImage--
5.15.68+git0+1128d7bcdc_0e51e57170-r0-qemux86-64-20221230201037.bin]
MACHINE: [qemux86-64]
FSTYPE: [ext4]
ROOTFS: [/home/user/yocto/poky/build/tmp/deploy/images/qemux86-64/core-image-weston-
qemux86-64.ext4]
CONFFILE: [/home/user/yocto/poky/build/tmp/deploy/images/qemux86-64/core-image-weston-
qemux86-64.qemuboot.conf]
```

그림 16.2 그래픽 지원으로 QEMU를 실행한 후의 로그

다음으로 QEMU 내부에서 core-image-weston이 실행되는 것을 볼 수 있다.

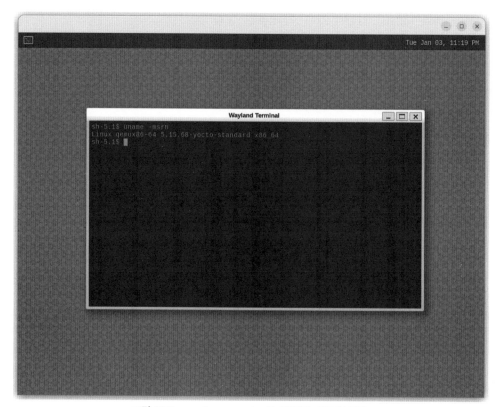

그림 16.3 core-image-weston을 실행하는 QEMU 화면

앞의 화면은 실행 중인 리눅스 커널의 정보를 보여주는 Wayland 터미널이 열려 있는 것을 보여준다.

runqemu를 사용해 메모리 제약 조건 검증

애플리케이션 메모리 사용량의 유효성을 검사하려는 경우 이러한 유효성 검사를 위해 QEMU를 사용할 수 있다. 먼저 **core-image-full-cmdline** 이미지를 빌드하고 그림 16.4의 명령을 사용해 QEMU를 실행해야 한다.

```
$ runqemu qemux86-64 qemuparams="-m 128" core-image-full-cmdline
runqemu - INFO - Running MACHINE=qemux86-64 bitbake -e ...
runqemu - INFO - Continuing with the following parameters:
KERNEL: [/home/user/yocto/poky/build/tmp/deploy/images/qemux86-64/bzImage--
5.15.68+git0+1128d7bcdc_0e51e57170-r0-qemux86-64-20221230201037.bin]
MACHINE: [qemux86-64]
FSTYPE: [ext4]
ROOTFS: [/home/user/yocto/poky/build/tmp/deploy/images/qemux86-64/core-image-full-
cmdline-qemux86-64.ext4]
CONFFILE: [/home/user/yocto/poky/build/tmp/deploy/images/qemux86-64/core-image-full-
cmdline-qemux86-64.qemuboot.conf]
```

그림 16.4 128MB RAM으로 QEMU를 실행한 후의 로그

그림 16.5에서는 QEMU 내부에서 사용 중인 메모리양을 확인할 수 있다.

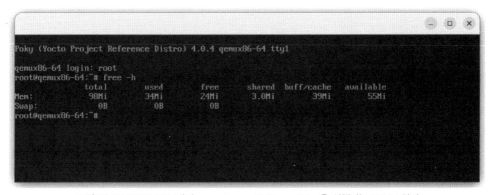

그림 16.5 128MB RAM에서 core-image-full-cmdline을 실행하는 QEMU 화면

QEMU를 실행하는 데 사용되는 명령을 변경하면 에뮬레이션을 통해 다양한 메모리 크기를 테스트하는 데 도움이 된다.

runqemu를 사용해 이미지 회귀 테스트

Yocto 프로젝트는 Yocto 프로젝트 품질 보증 프로세스의 중요한 부분인 자동화된 테스트 프레임워크를 제공한다. 통합 또는 유효성 검사 테스트 지원은 testimage 클래스를 사용해 타깃 내부에서 이미지를 실행한다.

먼저 build/conf/local.conf에 IMAGE_CLASSES += "testimage"를 추가해 테스트 이미지 지원을 활성화하고 core-image-weston 이미지를 빌드하게 한다.

그런 다음 core-image-weston 이미지를 빌드해야 한다. 이제 그림 16.6의 명령을 사용해 테스트 이미지 실행을 시작할 준비를 한다.

```
$ bitbake -c testimage core-image-weston
...
Initialising tasks: 100% |##########################################| Time: 0:00:01
Sstate summary: Wanted 0 Local 0 Mirrors 0 Missed 0 Current 236 (0% match, 100%
complete)
NOTE: Executing Tasks
QMP Available for connection at /home/user/yocto/poky/build/tmp/.9prfu2ob
QMP connected to QEMU at 12/31/22 13:19:02 and took 0.6354751586914062 seconds
QMP released QEMU at 12/31/22 13:19:03 and took 0.44214820861816406 seconds from
connect
Not starting HTTPService for directory tmp/deploy/deb/ which doesn't exist
Test requires apt to be installed
Stopped HTTPService on 0.0.0.0:0
Test requires autoconf to be installed
Test requires gtk+3 to be installed
...
Output from runqemu:
runqemu - INFO - SIGTERM received
runqemu - INFO - Cleaning up
runqemu - INFO - Host uptime: 325.28

RESULTS:
RESULTS - date.DateTest.test_date: PASSED (0.30s)
RESULTS - df.DfTest.test_df: PASSED (0.07s)
...
SUMMARY:
core-image-weston () - Ran 68 tests in 31.666s
core-image-weston - OK - All required tests passed (successes=34, skipped=34,
failures=0, errors=0)
NOTE: Tasks Summary: Attempted 1085 tasks of which 1084 didn't need to be rerun and
all succeeded.
```

그림 16.6 core-image-weston에 대한 테스트 이미지 작업을 실행한 결과

앞의 로그에서 회귀 테스트 결과를 확인할 수 있다.

정리

16장에서는 QEMU를 사용하는 방법과 가능한 경우 에뮬레이션하고 불가능한 경우 설명함으로써 개발 주기를 단축할 수 있는 방법을 알아봤다. 또한 몇 가지 runqemu 사용 사례도 소개했다.

17장에서는 저자들이 수년 동안 Yocto 프로젝트 기반 제품을 개발하는 데 사용해 온 모범 사례를 알아본다.

17

모범 사례

17장에서는 임베디드 장치와 임베디드 리눅스 개발에 대한 저자들의 수년간의 개인적인 경험에서 나온 통찰력을 제공하는 것을 목표로 한다. 다음 프로젝트에서 영감을 얻을 수 있도록 종종 과소평가되거나 완전히 무시되는 몇 가지 측면을 모아봤다.

17장은 2개의 독립된 부분으로 나눴는데, 하나는 Yocto 프로젝트의 세부 사항과 관련된 가이드라인에 관한 것이고, 다른 하나는 프로젝트의 좀 더 일반적인 측면에 관한 것이다. 이는 두 절을 특정 순서대로 공부할 필요가 없게 하기 위함이다.

Yocto 프로젝트에서 따라야 할 가이드라인

이 절에서는 Yocto 프로젝트 메타데이터의 측면에 대한 몇 가지 지침과 장단기 유지 관리 측면에서 우리의 삶을 더 쉽게 만들어주는 프로젝트 구성 팁을 모아봤다.

레이어 관리

제품 개발 여정이 발전함에 따라 직면한 요구 사항을 충족하고자 자연스럽게 여러 저장소를 사용하게 될 것이다. 저장소를 추적하는 것은 다음과 같은 작업을 수행해야 하기 때문에 복잡한 과제다.

- 나중에 이전 빌드를 재현할 수 있는지 확인
- 여러 팀원이 동일한 코드 베이스에서 작업 가능
- 지속적 통합 도구를 사용해 변경 사항 검증
- 사용하는 레이어의 미묘한 변화 피하기

이러한 목표는 위협적이지만 이러한 과제를 극복하기 위한 다양한 전략과 함께 몇 가지 도구가 사용되고 있다.

가장 간단한 해결책은 **image-buildinfo** 클래스(https://docs.yoctoproject.org/4.0.4/ref-manual/classes.html#image-buildinfo-bbclass)를 사용하는 것인데, 이 클래스는 빌드 정보가 포함된 일반 텍스트 파일을 작성하고 기본적으로 **${sysconfdir}/buildinfo**에 타깃 파일 시스템의 수정본을 레이어링한다. 이 프로세스에 도움이 되는 몇 가지 도구가 개발돼 있다. 이러한 도구는 다음과 같다.

- 구글은 안드로이드 개발을 위한 **repo**(https://source.android.com/docs/setup/download#repo) 도구를 개발했다. 이 도구는 다른 프로젝트에서 사용하기 위해 채택됐다. **repo**의 중요한 측면은 빌드 디렉터리 및 환경설정을 자동화하기 위해 Yocto 프로젝트 기반 프로젝트와 통합하기 위한 몇 가지 도구가 필요하다는 것이다. 프로젝트에서 저장소를 사용하는 데 영감을 얻으려면 O.S. Systems 임베디드 리눅스 프로젝트(https://github.com/OSSystemsEmbeddedLinux/ossystems-embedded-linux-platform)를 참고하면 된다.
- 지멘스^{Siemens}는 소스 다운로드, 빌드 디렉터리 및 환경 구성 자동화 등을 위한 간편한 메커니즘을 제공하고자 **kas**(https://github.com/siemens/kas)를 개발했다.
- Garmin은 오픈임베디드 및 Yocto 프로젝트를 사용해 복잡한 제품 구성을

관리하기 위해 Whisk(https://github.com/garmin/whisk)를 개발했다. 주요 기능은 단일 소스 트리, 여러 축의 설정, 여러 제품 빌드, 격리된 계층 설정 등이다.

- Agilent는 Yocto Buddy(https://github.com/Agilent/yb)를 개발했다. 이 도구는 설정을 쉽게 하고 Yocto 프로젝트 기반 환경을 동기화하는 것을 목표로 설계됐다. Yocto Buddy는 앞서 언급한 모든 도구에서 영감을 받았으며 아직 개발 초기 단계다.

이는 기존 도구의 하위 집합이며 전체 목록으로 간주해서는 안 된다. 프로젝트 사용 사례와 팀의 전문성에 따라 선택이 달라질 수 있으므로 결정하기 전에 여러 가지 도구를 사용해보는 것이 가장 이상적이다.

너무 많은 레이어를 만들지 않기

Yocto 프로젝트의 가장 큰 장점은 여러 레이어를 사용하고 생성할 수 있다는 것인데, 이를 통해 다음과 같은 작업을 수행할 수 있다.

- 반도체 공급업체의 BSP 레이어를 재사용한다.
- 재사용 가능한 블록을 공유해 새로운 애플리케이션이나 특정 애플리케이션, 프로그래밍 언어 등을 사용할 수 있게 함으로써 업무 중복을 줄인다.

그러나 프로젝트나 제품을 개발할 때 여러 개의 레이어를 만드는 것은 비생산적일 수 있다. 예를 들어 다음과 같은 상황에서는 BSP 전용 레이어를 개발하는 것이 합리적이다.

- 시스템 온 모듈SOM, System-On-Module 공급업체의 경우처럼 보드가 제품이다.
- 그러나 레이어에 대한 외부 접근이 중요한 경우 비BSP 소스에 대한 액세스를 제한하고 싶다.

제품 또는 회사에 단일 레이어를 사용하면 다음과 같은 많은 이점이 있다.

- 여러 제품에서 공유하는 개발 도구 또는 네트워크 유틸리티를 위한 packagegroup 패키지와 같은 재사용 가능한 컴포넌트의 개발 촉진
- 특정 제품이나 보드의 변경으로 인한 예기치 않은 부작용 위험 감소
- 여러 제품에서 버그 수정의 재사용을 늘리고 리눅스 커널 또는 부트로더와 같은 BSP 하위 수준 컴포넌트의 재사용성 증가
- 여러 제품에서 표준화를 강화해 새로운 팀원의 학습 곡선을 줄임

하나 이상의 레이어를 사용할지 여부는 여러 가지 측면에 따라 달라지지만 간단하게 시작하고 나중에 필요한 경우 레이어를 분할하는 것이 좋다.

새로운 Yocto 프로젝트 릴리스를 위한 제품 메타데이터 준비

제품이 성장함에 따라 메타데이터도 함께 증가하고, 이를 잘 정리해야 할 필요성도 커진다. 제품 개발 과정에서 흔히 볼 수 있는 몇 가지 사용 사례는 다음과 같다.

- 버그 수정 또는 기능으로 인해 새 레시피 버전을 백포트해야 하는 경우
- 누락된 패키지 설정 또는 버그 수정은 아직 Yocto 프로젝트 레시피에서 사용할 수 없는 경우

이러한 종류의 내용을 정리하기 위해 2개의 레시피 디렉터리를 사용한다.

- **recipes-backport**: 새로운 Yocto 프로젝트 릴리스에서 제공되는 레시피의 백포트
- **recipes-staging**: 누락된 패키지 설정 또는 버그 수정을 추가하는 새로운 레시피 또는 bbappend 파일

새로운 레시피 또는 버그 수정 사항을 recipes-staging에서 해당 업스트림 프로젝트(예: 오픈임베디드 코어)로 지속적으로 전송한다. 그런 다음 패치가 수락되면 이 변경 사항을 recipes-staging에서 recipes-backport 디렉터리로 이동한다. 이 접근 방식을 사용하면 보류 중인 업스트리밍 작업을 추적하고 메타레이어를 새로운 Yocto 프로

젝트 릴리스로 쉽게 업그레이드할 수 있다. 또한 백포트 디렉터리에서 신속하게 작업을 수행하고 제거할 수 있다.

커스텀 배포판 만들기

Yocto 프로젝트를 사용할 때 일반적으로 build/conf/local.conf에 많은 설정을 추가한다. 그러나 책에서 설명한 것처럼 이는 소스 제어 관리가 아니며 개발자마다 다를 가능성이 높기 때문에 좋지 않다. 커스텀 배포를 사용하면 많은 이점이 있으며, 여기서는 그중 몇 가지를 강조한다.

- 여러 개발자가 일관되게 사용할 수 있다.
- 기본 배포판(예: poky)과 비교할 때 사용하는 다양한 DISTRO_FEATURES를 명확하게 볼 수 있다.
- 제품에 필요한 모든 필수 레시피 설정을 전체적으로 볼 수 있는 중앙 집중식 공간을 제공해 레시피를 구성하는 데 필요한 bbappend 파일 수를 줄인다(예: PACKAGECONFIG:pn-<myrecipe>:append = " myfeature").

이러한 기술적인 측면 외에도 커스텀 배포판을 사용하면 SDK 또는 기타 Yocto 프로젝트에서 생성된 아티팩트를 적절하게 브랜딩할 수 있다.

12장의 '커스텀 배포판' 절에서 사용자 정의 배포판을 만드는 방법을 알아봤다.

제품에 기존 이미지를 재사용하지 않기

이미지는 모든 것이 어우러지는 곳이다. 제품을 개발할 때는 여러 가지 이유로 이미지에 설치하는 패키지의 수를 최소화하는 것이 중요하다.

- rootfs 크기 줄이기
- 빌드 시간 줄이기
- 처리해야 할 라이선스 수 줄이기

- 보안 침해에 대한 공격 가능성 줄이기

일반적인 시작점은 core-image-base.bb 파일을 사용자 정의 레이어에 myproduct-image.bb로 복사하고 확장해 제품 이미지에 필요한 것을 추가하는 것이다. 또한 개발 중에 사용할 myproduct-image-dev.bb라는 이미지를 생성하고 코드 중복을 방지하고자 개발에만 사용되는 아티팩트와 함께 myproduct-image.bb가 필요한지 확인한다. 이렇게 하면 프로덕션과 개발용 이미지 2개가 되지만 핵심 기능과 패키지는 동일하다.

저평가돼 있는 표준 SDK

애플리케이션 개발은 주로 목표한 바를 달성할 때까지 지속적으로 애플리케이션을 구축하기 때문에 대화형 프로세스를 의미한다. 이 사용 사례는 주로 다음과 같은 이유로 Yocto 프로젝트에 적합하지 않다.

- 레시피 빌드를 시작할 때마다 이전 빌드 오브젝트 파일을 삭제한다.
- 애플리케이션 또는 이미지 배포에 필요한 시간이 훨씬 길어진다.
- IDE 환경에서의 적절한 통합이 부족하다.

이러한 주제 중 몇 가지에 대한 대안이 있는데, 예를 들어 devtool을 사용해 빌드 오브젝트를 재사용하고 애플리케이션을 배포하는 데 도움을 주는 것이다. 9장의 'devtool을 사용해 타깃으로 배포' 절과 'devtool을 사용해 레시피 빌드' 절에서 devtool을 사용하는 방법을 살펴봤지만 여전히 개발 환경이 번거롭다.

애플리케이션 및 기타 컴포넌트(예: 리눅스 커널 및 부트로더)의 개발에는 여전히 표준 SDK를 사용하는 것이 바람직하다. 이렇게 하면 Yocto 프로젝트 통합 작업을 연기하거나 병렬화해 더 빠른 개발에 집중할 수 있다.

리눅스 커널 및 부트로더 수정을 위해 많은 패치 적용하지 않기

하드웨어를 변경하지 않고 사용하는 경우는 거의 없기 때문에 리눅스 커널과 부트로더에 대한 패치의 필요성은 임베디드 리눅스 개발에 내재돼 있다. 이러한 컴포넌트의 수정 수준은 예를 들어 하드웨어 설계와 관련이 있다.

- SBC$^{Single-Board\ Computer}$를 사용하는 경우 변경 횟수를 최소화해야 한다.
- 커스텀 베이스보드와 함께 SOM을 사용하는 경우 공급업체 베이스보드 하드웨어 설계의 수정 횟수에 따라 변경 횟수가 달라질 수 있다.
- 궁극적으로 커스텀 하드웨어 설계를 사용한다는 것은 커스텀 BSP의 개발을 의미하며, 결과적으로 상당한 수의 수정이 수반된다.

그것들은 정해진 것이 아니다. 예를 들어 SBC를 사용해 프로젝트를 시작한다고 가정해보자. 나중에 공급업체가 제대로 된 레퍼런스 BSP를 제공하지 않는다는 사실을 알게 되면 BSP의 수정 횟수와 작업량이 상당히 늘어날 것이다.

작은 변경 사항이 있을 때는 컴포넌트 레시피에 패치 파일을 추가해 변경 사항을 처리하는 것이 좋다. 하지만 컴포넌트를 유지 관리해야 하는 작업이 많아지면 모든 변경 사항을 유지하고자 해당 컴포넌트의 별도 포크를 만드는 것이 좋다. 저장소 포크를 사용하면 다음과 같은 이점이 있다.

- 변경 사항에 대한 히스토리 관리
- 개발과 제품을 위한 서로 다른 브랜치 또는 태그 사용
- 다른 제공업체와의 합병 가능성
- 개별 패치를 계속할 필요가 없으므로 훨씬 더 간단한 레시피 사용

요약하자면 프로젝트에 적합한 전략을 사용해야 한다. 하지만 올바른 접근 방식을 사용하면 사용 중인 하드웨어를 제대로 지원하기 위한 총 노력을 줄일 수 있다.

AUTOREV를 SRCREV에서 사용하지 않기

일반적으로 제품을 개발할 때 AUTOREV를 SRCREV로 사용한다. 인터랙티브하게 코드를 변경하고 Yocto 프로젝트 내에서 해당 코드를 적용해야 한다. 즉, 여기에는 몇가지 단점이 있다.

- 이미지를 다시 빌드할 때마다 레시피에 다른 수정본을 사용할 수 있으므로이전 빌드를 재현하기는 어렵다.
- AUTOREV 값은 비트베이크가 특정 레시피의 캐시를 무효화할 때만 적용되며, 이는 레시피 자체를 수정하거나 .conf 파일 변경과 같이 비트베이크캐시 재구성을 트리거하는 무언가를 변경할 때 발생한다.

이러한 단점으로 인해 AUTOREV는 매우 취약하며 다른 대안으로 대화형 코드 변경을 좀 더 일관되게 처리할 수 있다. 일반적으로는 작업 영역에서 직접 코드를 변경할 수 있고 레시피가 이를 소스로 사용하도록 강제하기 때문에 devtool을 사용한다. 또 다른 대안은 externalsrc.bbclass 클래스(https://docs.yoctoproject.org/4.0.4/index. html#ref-classes-externalsrc)를 사용해 디렉터리를 빌드 소스로 사용하도록 레시피를 구성하는 것이다.

SBOM 생성

포키 빌드 시스템은 각 소프트웨어 컴포넌트의 라이선스에서 이미지에 사용된 모든 컴포넌트를 설명할 수 있다. 이 설명은 SPDX^{Software Packager Data eXchange} 표준(https:// spdx.dev/)을 사용해 SBOM^{Software Bill Of Materials}으로 생성된다. SPDX 형식을 사용하면 기존 도구를 활용해 추가 자동화가 가능하다는 이점이 있으며, 이는 포키의 표준 라이선스 출력 형식으로는 불가능하다.

SBOM은 오픈소스 라이선스 준수를 보장하는 데 매우 중요하다. 그러나 SBOM은 기본적으로 생성되지 않는다. Yocto 프로젝트 개발 작업 매뉴얼의 'Creating a Software Bill of Materials' 절(https://docs.yoctoproject.org/4.0.4/dev-manual/common-tasks.html#

creating-a-software-bill-of-materials)을 참고한다.

⁂ 일반 프로젝트에서 따라야 할 가이드라인

이 절에서는 일반적인 프로젝트 위험을 줄이고 흔히 발생하는 문제를 피하기 위해 따라야 할 몇 가지 프로젝트 관련 지침을 살펴본다.

프로젝트 라이선스 제약 조건의 지속적인 모니터링

진행 중인 프로젝트에 따라 라이선스 규정 준수는 크거나 작은 주제가 될 수 있다. 일부 프로젝트에는 다음과 같이 라이선스 제약이 매우 제한적인 경우도 있다.

- GPLv3 릴리스 소프트웨어 사용 불가
- 프로젝트별 지적 재산의 카피레프트 오염
- 회사별 라이선스 제약 조건

이 프로세스를 프로젝트 초기에 시작하면 프로젝트 전반에 걸쳐 재작업의 양을 줄일 수 있다. 하지만 프로젝트 라이선스 제약 조건과 프로젝트 컴포넌트의 라이선스가 변경될 수 있으므로 라이선스 규정 준수를 지속적으로 모니터링해야 한다.

보안이 프로젝트에 끼칠 수 있는 해로움

초연결 시대에 연결된 모든 디바이스는 보안 공격의 잠재적 표적이 될 수 있다. 임베디드 디바이스 개발자로서 더 안전한 세상을 만드는 데 기여해야 한다. 다음을 수행하자.

- 임베디드 리눅스 소프트웨어에서 알려진 보안 결함 검사
- 중요한 소프트웨어에 대한 보안 취약점 모니터링
- 최신 디바이스 식별 프로세스 구현

Yocto 프로젝트 개발 작업 매뉴얼의 'Checking for Vulnerabilities' 절(https://docs. yoctoproject.org/4.0.4/dev-manual/common-tasks.html#checking-for-vulnerabilities)에 설명된 대로 Yocto 프로젝트 인프라를 사용해 레시피에 대해 알려진 **공통 취약점 및 노출**CVE, Common Vulnerabilities and Exposures을 검사할 수 있다. BSP 컴포넌트에도 보안 수정이 필요할 수 있지만 BSP 공급업체는 일반적으로 이를 소홀히 하기 때문에 이에 국한해서는 안된다. 그럼에도 편집증 수준은 프로젝트의 틈새시장에 따라 달라진다.

유지 관리 비용에 대한 과소평가

처음에는 다음과 같은 이유로 변경 사항을 업스트림하는 것이 전략적이지 않은 행동으로 보일 수 있다.

- 업스트리밍은 리소스를 사용해 수정 사항을 적용한다.
- 업스트림 리뷰 피드백은 추가적인 상호작용과 재작업이 필요할 수 있다.
- 제품과 직접 연결되지 않은 개발 작업을 수행해야 한다.

일반적으로 개발 및 관리 팀은 총 유지 보수 비용을 과소평가한다. 하지만 안타깝게도 이 부분은 수년간 지속되기 때문에 프로젝트에서 가장 비용이 많이 드는 부분인 경우가 많다. 변경 사항을 각 프로젝트에 업스트림하면 다음과 같은 작업을 수행할 수 있다.

- 수년에 걸친 업무 중복 방지
- 새로운 Yocto Project 릴리스를 업그레이드할 때 발생하는 충돌 감소
- 업스트리밍 중인 변경 사항에 대한 비판적이고 건설적인 피드백
- 보안 업데이트 및 버그 수정으로 업무량 축소
- 유지 관리해야 하는 코드의 양 감소

업스트림 작업은 계속 진행된다. 새로운 기능을 추가할 때마다 코드와 업스트림 사이의 간격이 늘어날 가능성이 있다. 따라서 업스트림 작업을 연기할 수 있지만

다음 Yocto 프로젝트 릴리스로 업데이트할 때 업스트림 비용이 배가된다.

프로젝트의 위험 요소와 제약을 최대한 빨리 해결

소프트웨어와 하드웨어가 함께 작동해야 하므로 몇 가지 측면은 하드웨어 설계에 직접적으로 의존한다. 프로젝트 위험을 줄이려면 다음과 같은 몇 가지 측면을 검증할 수 있도록 가능한 한 많은 중요한 소프트웨어 및 하드웨어 요구 사항을 예상해야 한다.

- 사용하려는 메모리의 양이 충분한가, 아니면 너무 많은가?
- 하드웨어가 사용하는 전력의 양이 제약 조건에 충분한가?
- 타깃 GPU가 필요한 애니메이션을 렌더링할 수 있는가?
- 계획된 모든 주변 장치에 사용 가능한 리눅스 커널 드라이버가 준비돼 있는가, 아니면 이에 대한 개발 계획을 세워야 하는가?

앞의 질문은 레퍼런스 보드나 잘 알려진 보드를 사용해 답할 수 있으며, BSP를 사용할 준비가 돼 있다. 이를 통해 커스텀 하드웨어를 설계할 필요 없이 MVP^Minimal Viable Product를 생산할 수 있다. 프로젝트의 위험과 제약을 검증한 후에도 이러한 보드는 다음과 같은 용도로 여전히 귀중한 자산이 된다.

- 커스텀 보드와 BSP를 사용할 준비가 될 때까지 지속적인 소프트웨어 개발
- 커스텀 디자인과의 비교 기준
- 버그가 커스텀 보드 및 BSP에만 해당하는지 확인하기 위한 참고 자료

레퍼런스 보드나 잘 알려진 보드를 사용해 소프트웨어를 개발할 수 있다는 점을 고려하면 커스텀 보드의 설계는 가능한 한 오래 미뤄야 한다. 설계를 연기하면 특정 드라이버로 인해 주변 장치를 변경하거나 애플리케이션과 기능을 완성한 후 계획된 CPU 및 메모리 기능을 변경하는 등 프로젝트의 여러 측면을 자유롭게 변경할 수 있다.

최종적으로 커스텀 디자인을 사용하기로 결정했다면 레퍼런스로 선택한 보드에 최대한 가깝게 유지해야 한다. 물론 때로는 레퍼런스 디자인에서 벗어나야 할 때도 있다. 하지만 이 경우 설계 문제가 발생하고 커스텀 BSP의 비용이 증가할 위험이 있다.

∷ 정리

17장에서는 저자들이 실제 프로젝트에서 사용했던 모범 사례를 소개했다. 다음 프로젝트를 계획할 때 고려해야 할 몇 가지 사항을 알았기를 바란다.

이 책 전반에 걸쳐 여러분이 혼자서 Yocto 프로젝트의 다른 측면을 학습하는 데 필요한 배경 정보를 다뤘다. 이제 비트베이크에 레시피나 이미지 제작을 요청할 때 뒤에서 어떤 일이 벌어지는지 대략적으로 이해했을 것이다. 이제부터는 마음을 비우고 새로운 것을 시도할 준비가 됐다. 공은 이제 여러분의 코트에 있다(여기서부터 재미가 시작된다!).

| 찾아보기 |

YOCTO 프로젝트를 활용한 임베디드 리눅스 개발 3/e
효율적인 리눅스 기반 제품 구축

발   행 | 2024년 8월 28일

지은이 | 오타비우 살바도르 · 다이앤 앵골리니
옮긴이 | 배 창 혁

펴낸이 | 옥 경 석
편집장 | 황 영 주
편   집 | 김 진 아
　　　　임 지 원
　　　　김 은 비
디자인 | 윤 서 빈

에이콘출판주식회사
서울특별시 양천구 국회대로 287 (목동)
전화 02-2653-7600, 팩스 02-2653-0433
www.acornpub.co.kr / editor@acornpub.co.kr

한국어판 ⓒ 에이콘출판주식회사, 2024, Printed in Korea.
ISBN 979-11-6175-867-1
http://www.acornpub.co.kr/book/embedded-linux-yocto3

책값은 뒤표지에 있습니다.